一流の共通点

スカウトマンの私が見てきた
成功を呼ぶ人の
10の人間力

二宮博 著

徳間書店

はじめに

日本中を熱狂の渦に巻き込んだFIFAワールドカップ（W杯）カタール2022の期間中、私は不思議な感覚を味わっていました。

テレビの画面やインターネットのニュース、新聞などで「教え子」たちを見ない日がなかったからです。

「教え子」というと、語弊があるかもしれません。むしろ、私自身、彼らと接するなかで、多くのことを学んできました。人生観が変わるような出来事もたくさんありました。そう考えると、彼らは私の「恩人」でもあるのです。

強豪のドイツ戦とスペイン戦でゴールを決めたリツ（堂安律）、4試合すべてに先発出場したダイチ（鎌田大地）の日本代表選手2人に、インターネット放送で、日本代表の解説を担当したケイスケ（本田圭佑）、テレビの特別番組などに出演したり、現地リポートを担当したりしたバン（播戸竜二）。ツネ（宮本恒靖）やイナ（稲本潤一）が解説する姿もよく見ました。

はじめに

みんな立派に巣立ち、それぞれの人生をしっかりとした足取りで歩んでいます。彼らの自信に満ちた表情、迷いのない言動を見るたびに、私自身も「まだまだ頑張らないといけないな」という前向きな気持ちになります。

故郷の愛媛県で中学校の教員を務めていた私は、あるきっかけで、プロサッカークラブ「ガンバ大阪」に転職しました。スカウト部門やアカデミー（育成組織）で27年間働き、多くの選手と関わってきました。家族や恩師、中学や高校、大学、地域の指導者にも大変、お世話になりました。この場を借りて感謝申し上げます。

関わったすべての選手たちに間違いなく言えるのは、「みんなが無限の可能性を秘めている」ということです。

厳しい勝負の世界ですから、当然、挫折することもあります。巡り合わせや運もあります。全員がプロで活躍できるとは限りません。

むしろ、思うような結果を残せないまま、ユニホームを脱いでいく選手のほうが多いでしょう。しかし、違う世界で花開くこともあります。

私が現在勤めている「バリュエンスホールディングス」の嵜本晋輔社長は、かつて私がスカウトしてガンバ大阪に入団してもらった元Jリーガーです。

ガンバ大阪では3年間で4試合に出場しただけで、戦力外通告を受けました。しかし、その後の努力でJリーガー初の上場企業社長となり、年商1000億円に迫るスケールの大きなビジネスを展開しています。

人気漫画「キャプテン翼」の作者、高橋陽一さんが代表を務め、将来のJリーグ入りを目指す関東1部リーグのサッカーチーム、南葛SCの経営に携わったり、ダンスチーム「Valuence INFINITIES（バリュエンス・インフィニティーズ）」を結成し、日本発のプロダンスリーグ「D・LEAGUE」に参戦したりするなどしていて、私も常に新たな挑戦をし続ける嵜本社長の下で働けることに、喜びを感じています。

本書では、ヨーロッパで活躍するリツやダイチ、幅広いジャンルでパイオニアとして新境地を切り拓いているケイスケ、私のスカウト活動の原点となり、多方面でマルチな才能を発揮しているバン、現在の私の上司である嵜本社長ら、私が接してきた素晴らしい選手たちを取り上げ、彼ら〝一流〟と呼ばれる人物に共通する「人間力」と、それを培ってきた道のりを、私の目線で紐解いていこうと思っています。

多くが「一流の人物」「社会の成功者」となりましたが、誰1人として、ずっと順風満帆な人生だったわけではありません。

悔しい思いを味わい、壁にぶつかり、さまざまな逆境を乗り越えた先に、今の彼らがいるのです。

彼ら一流の人間は、どうやって逆境を乗り越えたのか？　ヒントは「正しい考え方、マインド×環境（運）×努力」の方程式です。

なかでも、いちばん大切なのは、「正しい考え方、マインド」です。それは「人間力」という言葉に置き換えることができます。

「正しい考え方、マインド」は、素晴らしい人（最高の師匠、最高のメンター）との出会いにより、大きく好転することがあります。

今回取り上げた選手たちには、必ず最高の師匠、最高のメンターがいました。そういった人たちとの出会いのなかで、自ら考え方や発想力、思考法に磨きをかけていったことも、彼らがそれぞれの立場で成功者となっている要因です。

もちろん、「環境（運）」にも恵まれました。誰にも負けない「努力」もしてきました。だからこそ、現在のポジションにたどりつけているのです。

しかしながら、「正しい考え方、マインド」をともなわないと、せっかくの「環境（運）」「努力」も十分に生かすことは難しいのです。

先ほどの方程式を思い出してみてください。3つの要素の関係は「足し算」ではなく、「掛け算」なのです。

いくら「環境（運）」「努力」が人並外れて突出していても、「正しい考え方、マインド」がゼロだと、「答え＝結果」はゼロです。

「環境（運）」「努力」は最低をゼロとして考えますが、「考え方、マインド」はマイナスに振れることもあります。「正しい考え方、マインド」ができずに、「ひねくれた考え方、マインド」となると、この数値はマイナスです。すると、全体の結果もマイナスになってしまいます。

私がスカウトやアカデミーの責任者として接し、多くのことを教えてくれた彼らの「正しい考え方、マインド」、そして、それを培った最高の師匠、最高のメンターとの出会い、関わりについて、多くの人に知っていただきたいと思います。

そこには、サッカーにとどまらず、私たちが日々の生活のなかで直面する、さまざまな困難に打ち勝つためのヒント、示唆がふんだんに隠れているはずです。

本書が、読んでいただいた多くの方々にとって「人生100年時代」を生きるうえで、微力ながら貢献できるものになりましたら、大変うれしく思います。

目次

第1章

スカウトマンとしてのポリシー

カタール大会で垣間見たガンバ大阪のDNA

2022年11月23日の深夜、自宅のテレビ画面に映し出されたW杯カタール大会の光景に、私は妻と大喜びしていました。

その日、森保一監督率いる日本代表はグループリーグの初戦で、強豪のドイツ代表と対戦しました。案の定、劣勢が続き、0対1で迎えた後半30分、途中出場のリツ（堂安律）が起死回生の同点ゴールを決めてくれたのです。

雄叫びをあげながら走り出したリツのもとに真っ先に駆け寄ったチームメートが、2歳年上のダイチ（鎌田大地）でした。実はリツとダイチは、私にとってとても縁の深い選手です。

2人に共通しているのは、J1、ガンバ大阪のアカデミー（育成組織）から巣立った選手だということです。

私がスカウトやアカデミー本部長として約27年にわたって仕事をしてきたガンバ大

阪は、1993年のJリーグ開幕時からリーグに加盟している最初の10クラブ「オリジナル10」の1つ。二度のリーグ優勝に四度の天皇杯全日本サッカー選手権制覇（前身の松下電器産業サッカー部時代を除く）を成し遂げ、AFCチャンピオンズリーグ（ACL）の頂点にも立ったことがある「西日本の雄」です。

それと同時に、日本サッカー協会で専務理事の要職を務めるツネ（宮本恒靖）や、40代となった今も関東1部リーグの南葛SCで現役を続けるイナ（稲本潤一）をはじめ、数多くの日本代表選手を育てあげてきた「育成のガンバ大阪」としても知られています。

W杯の日本代表にも、日本がホスト国となった2002年日韓大会から6大会連続でガンバ大阪アカデミーの出身者が名を連ねています。「育成のガンバ大阪」の流れをくみ、系譜を継ぐ選手。それが、今回のカタール大会では、リツとダイチだったのです。

世界中から注目されるW杯の熱気あふれるスタジアムで、あの強いドイツから得点を挙げて2人が喜び合う姿は、ガンバ大阪アカデミーの充実と発展に心血を注いできた私にとっては、特別なものでした。

兵庫県尼崎市出身のリツはガンバ大阪のジュニアユース（中学年代）からユース（高校年代）を経てトップチームに昇格し、19歳の若さで海外に飛び出していきました。ジュニアユース時代から親分肌で、チームを引っ張り、今でも、ガンバ大阪に強い愛着心をもってくれています。

一方のダイチは愛媛県伊予市の出身です。彼も親元を離れ、ガンバ大阪のジュニアユースで中学時代を過ごしました。決して順風満帆ではなく、悩み、苦しんだ3年間だったと思います。ユースへの昇格を逃した彼は京都・東山高校からＪ１のサガン鳥栖に入り、20歳でヨーロッパに渡りました。

実はＷ杯が開幕する直前、私が音頭をとって、大阪でリツとダイチの激励会を開催しました。主賓は２人の両親です。両親とは２人がガンバ大阪を離れた後も親しくお付き合いさせていただき、何かあるたびに連絡を取り合う良好な関係が続いています。

そして、ガンバ大阪アカデミー時代の２人の同学年の仲間や後援会の関係者らが集まり、全員で健闘を祈念したのです。カタール大会での活躍はもちろん、２人の努力の成果でしょうが、激励会を開催した甲斐があったようにも思いました。

リツはグループリーグ最終戦のスペイン戦でも、リードを許して苦しい展開となっていた日本代表が息を吹き返す、鮮やかな同点ゴールを決めました。

試合後のコメントも奮っていました。

「あそこは俺のコース」

リツらしいと思いました。大舞台になればなるほど真価を発揮するのは、リツが子どものころから培ってきた強いメンタリティーのたまものです。

ダイチはW杯を通じて得点という目に見える結果は残せませんでしたが、4試合すべてで先発出場を果たし、豊富な運動量やきらりと光るパスセンスでチームの躍進に貢献しました。派手さはなくても、玄人好みのプレーは、いかにも冷静沈着なダイチらしいと思います。

残念ながら、日本代表は決勝トーナメント1回戦でクロアチアにペナルティー・キック（PK）戦の末に屈して準々決勝進出を逃し、カタール大会で「新しい景色」を見ることは叶いませんでした。しかしながら、日本代表の中心選手として活躍した2人の自信に満ちあふれたプレーや、凜とした立ち居振る舞いに、ガンバ大阪のアカデミー時代に組み込まれたDNA（遺伝子）が息づいているようにも思いました。

本田圭佑の隠れ大ファンになった理由

もう1人、W杯カタール大会では、忘れてはいけない人物がいます。

全64試合を無料配信したことで注目を集めたインターネット放送で、日本代表の試合の解説を担当したケイスケ（本田圭佑）です。

これまでの解説者とは一線を画した独特の名調子が話題となったケイスケも、ガンバ大阪アカデミーの出身者です。ダイチと同じようにジュニアユースからユースへの昇格を逃した彼は、進学先の石川・星稜高校で、サッカー部の監督を務めていた河崎護先生という恩師に出会ったことで、大きく羽ばたきました。

卒業後にJ1の名古屋グランパスエイト入りし、21歳でオランダへ。日本を含めて9カ国でプレーし、イタリアではセリエA屈指の名門、ACミランでエースナンバーの背番号10をつけました。

W杯にも2010年南アフリカ大会、2014年ブラジル大会、2018年ロシア大会の3大会に出場。3大会すべてでゴールを決める快挙を成し遂げました。カンボジア代表の実質的な監督を務めたほか、海外の著名人と投資ファンドを設立したり、スタートアップ企業の支援に取り組んだりと、サッカー選手の枠組みに収まらない分野にまで活躍の場を広げています。

世界を飛び回っているケイスケですが、昔と変わっていないなと思うことがありました。私が60歳の定年を前にガンバ大阪を退職したときのことです。行きつけにしている兵庫・西宮のお好み焼き屋さんで夕食を食べていると、スマートフォンに見知らぬ番号から電話がかかってきました。しかも、海外からの発信。誰だろうと思って通話ボタンを押して出てみると、ケイスケでした。

「二宮さん、長い間、お疲れ様でした。星稜高校に行くときには、本当にお世話になりました。これから何をされるのでしょうか。また、僕が帰国したときには会いましょう」

スポーツ紙に記事が載ったことで、私がガンバ大阪を退職したことを知ったようで、わざわざ労わりの電話をかけてきてくれたのです。

どんなに忙しくても、自分に関わってきた人たちのことを忘れない。そういう律義さは、中学生のころからケイスケがもっている美質だと思います。

私がガンバ大阪のアカデミーの運営に携わるうえで、ケイスケには数えきれないくらい助けてもらいました。

正確にいうと、ケイスケ本人というよりもケイスケの存在そのものに何度も救われたのです。ケイスケのおかげで、どれだけ多くの前途有望な選手たちが立派にガンバ大阪アカデミーを巣立つことができたか。

そう考えると、彼には感謝してもしきれません。だから私は、ケイスケの隠れ大ファンなのです。

というのも、ガンバ大阪で働いていた期間、私はずっとアカデミーの選手の進路指導を担当しました。大学卒業後に郷里の愛媛で公立中学校の保健体育の教師を約10年間していた経験などを買われたからです。

トップチームを含め、すべてのカテゴリー、年代のスカウトを経験し、アカデミー本部長なども務めましたが、所帯があまり大きくなかったこともあり、兼務するかたちで、選手や保護者の進路に関するさまざまな相談にのり、私なりにアドバイスをするようになったのです。

必然的に、ジュニアユースからユースへの昇格の可否を選手本人や保護者に伝える役目も担いました。選手や保護者と面談する際には、監督も同席しますが、伝えるのはあくまでも私。選手たちと親しく接している現場の監督には、恨みを買ったり、悪い評判が立ったりしかねない、嫌な仕事をさせたくない思いもありました。

本当のところ、個々の選手をユースに昇格させるかどうかは、監督らも含めた合議制で決めていたのですが、伝達役が私だったからでしょう。アカデミーの卒業生から、

「二宮さんが練習場に現れると、選手たちの間に緊張が走っていました」

そう言われたこともあります。ある意味、誤解を招きやすいポジションだったと言えるかもしれません。

プロを目指す優秀な選手が全国から集まってくるガンバ大阪のジュニアユースですが、ユースへと昇格できるのは約半数。残りの半数は志半ばでガンバ大阪のアカデミーを離れなければなりません。そういう選手たちや保護者に、私は面談で、

「ガンバ大阪のアカデミーには、ケイスケのような成功例もある。ユースに上がることだけがサッカー人生ではない。高校や大学で立派に成長し、トップチームに戻ってきてほしい（ケイスケは戻ってきませんでしたが）」

そう言い続けました。まさに〝論より証拠〟でしょう。ユースには昇格できなかったけれども、そこから日本を代表するスター選手となったケイスケの実例を示すことで、前を向くことができた選手や保護者は多かったと思います。「ケイスケ効果」というべきでしょうか。ガンバ大阪のジュニアユースから石川・星稜高校への進学を希望する選手が相次いだ時期もありました。

進路指導では、選手や保護者とよく話し合って、どうしたいのかの意向を確認し、それを尊重して教育的理念をもってフォローしていくことが大切です。

プロサッカー選手ではなく、別の道へ進んだ〝教え子〟が、ガンバ大阪を応援しようとパナソニックスタジアム吹田を訪ね、わざわざ私に声をかけてくれたこともありました。そういった出来事も、私が進路指導を続けていく励みになりました。

播戸竜二のおかげで、一人前のプロスカウトに

ケイスケ（本田圭佑）が進路指導にあたる際の絶好のモデルケースを示してくれた恩人なら、プロのスカウトとしての自信をつけさせてくれたのは、元日本代表のバン（播戸竜二）です。

ガンバ大阪のほかヴィッセル神戸やセレッソ大阪など複数のチームで点取り屋として活躍したバンは現役引退後にＷＥリーグ（日本女子プロサッカーリーグ）の理事を務めたり、ラジオ番組のパーソナリティーに挑戦したり、映画で俳優デビューを果たしたりと、本当に多方面で活躍しています。

しかし、兵庫・琴丘高校時代はまったく無名の選手でした。１９７９年生まれの、いわゆる「黄金世代」の一員ですが、年代別の日本代表に選ばれた経験もなければ、全国レベルの大会に出場したこともありません。

ふだんの練習は芝生ではなく、土のグラウンド。それでも、たまたまのぞいた強豪

校との近畿大会の試合でのプレーが、誰よりも目を引きました。

技術うんぬんよりも、小さな身体にファイティングスピリットをたぎらせている姿が印象的でした。何度か学校に通ってプロでもやっていけるという手応えをつかんでスカウトすることに決め、当時のガンバ大阪の社長には、

「彼は絶対にやりますから、お願いします」

そう掛け合って練習生として獲得しました。そこから日の丸を背負う選手になるとは思ってもみませんでしたが、がむしゃらに練習に取り組む姿勢には素晴らしいものがありました。バンの活躍のおかげで、私は「誰にも知られていなかった無名の選手を獲得して日本代表にしたスカウトは、二宮しかいない」と言われるようになりました。プロチームのスカウトとしての地位を確立できたのです。

その後、長崎・国見高校などを率いて高校サッカー界の名将として知られ、2022年に亡くなられた小嶺忠敏先生に親しくさせてもらう機会もいただきました。

実は、ガンバ大阪の会社組織のなかで、私の昇進がどうなるかという時期がありました。そのときに、全国区の知名度をもつ小嶺先生から、

「あいつは朝の練習まで見に来る。ほかのスカウトは午後の練習だけ。Jリーグのス

カウトのなかでは、二宮が一番だ」

そう評価していただきました。早起きと熱心さは私の取り柄です。その「口添え」の成果でしょう。1週間後、私は管理職になることができました。

小嶺先生から学ばせてもらったのは、とにかく行動するということです。「どうかな」と思ったら、まず行動してみる。行動しなければ、何も始まりません。そういう積極的な姿勢が何事においても大切であることを、教えていただきました。

「やらないで後悔するよりも、やって後悔したほうがいい」

という考え方は、私の人生そのものを通し、生き方の基本となっています。

ちなみにバンも、私がガンバ大阪を退職した際に、こんな文章を贈ってくれました。

「二宮さん。見つけてくれてありがとうございました！　いくら頑張っていても、引き上げてもらえないとそこで終わり。しっかり見て、引っ張ってくれる人の存在の大事さを、（退職を伝える）記事を読み、改めて感じました。二宮さんの次のステージでの活躍を楽しみにしています！」

涙が出るほどうれしかった。ケイスケといい、バンといい、こういう感謝の気持ちを言葉にして自然と発せられることが、成長していく秘訣のようにも思います。

先入観を排して見ることから始める

スカウティングの話に戻りましょう。2018年W杯ロシア大会に出場したタカシ（宇佐美貴史＝現・ガンバ大阪）や、ゲン（昌子源＝現・鹿島アントラーズ）は、彼らが小学6年生のときに獲得しました。

中学から高校に上がるタイミング、高校を卒業するとき、大人になってから。さまざまな年代のさまざまな特徴をもった選手をスカウトしてきましたが、私にはいくつか決めていたことがあります。

ガンバ大阪を退職したあと、私はかつて自身がスカウトした元選手の寄本晋輔氏が経営するバリュエンスホールディングスに転職し、社長室シニアスペシャリストを務めるかたわら、大学や新聞社などで講演活動を行ってきました。

講演会に講師として招かれた際にも、参加者から、このような質問をよく受けます。

「どういうところを見て選手を獲得するんですか？」

「将来伸びていく選手を見分けるコツは何ですか？」

私はまず、先入観をもたないように心がけていました。色眼鏡をかけず、人を真っ白に真っ直ぐに見る。そして、真剣勝負のプレーを三度見て「○（マル）」「×（バツ）」をつけます。

説明が難しいのですが、心で感じるか感じないか、チームにフィットするかしないか、獲得することが選手とガンバ大阪の双方にとって幸せかどうかの観点から「○」「○」「○」となれば、獲得に乗り出そうと思いました。

履歴書は一瞬だけチラッと見るのが肝要です。

どのチームでどんなポジションでプレーしていたかというデータが頭に入ってしまうと、先入観をもつことにつながりかねません。実際、履歴書はできるだけ見ないようにしていました。「真っ白に見る」も同じ意味です。どの選手も無限の可能性を秘めています。そういう観点でプレーを分析するようにしていました。

プロを目指す選手を獲得するわけですから、技術力の高さは大切です。しかし「身体」だけではなく「頭」と「心」も判断材料にするようにしていました。

身体はもちろん、技術力もあとから身につけられる部分が多少はありますが、「頭」

と「心」は子どものころから培われた部分が非常に大きい。プロになるという大きな夢に向け、前に進むことができるか、考え方や心の強さも重視していました。

スカウティングのポイントを列挙すると、

①どんなマインド（考え方）をもっているか
②確かな技術力はあるか
③飛び抜けた能力、武器は何か

この3点をよく見極めるようにしていました。なかでも、特別に重要なのが①です。プロとして大成するかどうかも、そこが大きなウエートを占めていると思います。本書の主題にもなりますが、プロサッカー選手に限らず、会社員であろうと、勉学に励んでいる学生や生徒であろうと、マインド、考え方で人生は大きく変わります。ガンバ大阪時代に私が親しくお付き合いさせていただいた選手たちは全員、このマインド、考え方に優れていました。そして、彼らにそういう素晴らしいマインド、考え方を植えつけ、育んだ立派な保護者や指導者の方が周囲にいたのです。

正しいマインド、考え方をもち、保護者や指導者といった周囲の環境に恵まれ、惜しみない努力を重ねることで、彼らは日本を代表するプロサッカー選手の階段を上っていきました。多少の運もあったでしょう。そのサクセスストーリーは次章以降で詳しく紹介させていただきます。

ここでは、正しいマインド、考え方についてもっと深掘りしてみます。正しいマインド、考え方とは、どういったことを指すのかを列挙すると、次のようになります。

❶物事を客観的に見ることができるか
❷自分の「強み」と「弱み」を把握しているか
❸今、何をしないといけないか分別できているか
❹自分が周囲からどう見られ、何を期待されているかがわかっているか

それらの正しいマインド、考え方を踏まえたうえで、何事かを成し遂げるためには、「絶対にできるんだ」と自分自身を信じ、どんな困難にぶつかってもあきらめない強い気持ちをもつことが必要です。

天賦の才能、生まれながらにしてもっている能力には、たしかに優劣の差がありま す。それは間違いのない事実です。たとえば、背が高いか低いか。これはどうしようもありません。しかし、そういう自分自身で変えることができないものは、そんなに多くはないように思います。

スピードに難があれば、足を速くするトレーニングを積めばいいですし、当たり負けしない強靱なフィジカルを手に入れようと思えば、体幹を鍛えればいいわけです。ケイスケやバンのステップアップの仕方を鑑みると、「正しいマインド、考え方×環境(運)×努力」で、少々の力の差は十分に逆転できるのではないかと思っています。

「人間力」が成功を呼ぶ

この章ではもう少し、私のポリシーのようなものを説明させていただきます。

Jリーグが各クラブの強化担当者に実施したアンケートによると、プロのサッカー選手を長く続けるには、「傾聴力」や「主張力」などの「能力要素」が必要だそうです。それらを私なりにアレンジしてみました。それぞれの「能力要素」の詳細と、それにまつわる選手たちのエピソードは第2章以降に詳述します。

▽探究心・好奇心＝**受容力**（人の話を素直に聞き入れることができる力）
▽チャレンジ精神＝**推進力**（物事を目的に向かって、前に進めることができる力）
▽目標設定力＝**自己啓発力**（常に目的をもち、自己を高めていくことができる力）
▽対応力・適応力・コミュニケーション能力＋発信力＝**主張力**（相手に自身の意見や考えを言うことができる力）
▽聞く力＝**傾聴力**（相手の話に真剣に耳を傾け、理解することができる力）
▽愛・感謝・忠誠心＝**支援力**（自己を犠牲にして他人や集団をサポートし、助けることができる力）
▽責任感＝**自責の思考力**（矢印を自分に向けて考え、行動することができる力）
▽ハングリー精神・反骨心・反発力＝**忍耐力**（苦しみやつらさ、怒りなどに耐えることができる力）

▽反省を生かした実行力・修正力＝**持続力**（1つの物事を突き詰めて長期間、中断せずに続けることができる力）

▽文武両道の精神＝**協調力**（他人や集団と力を合わせて物事をなすことができる力）

この段階ではイコールに見えない「能力要素」もあるかもしれませんが、本書をお読みになれば、納得いただけると思います。

ともあれ、私は、これらの「能力要素」の基盤となるのが「人間力」だと確信しています。内閣府は「社会を構成し運営するとともに、自立した1人の人間として力強く生きていくための総合的な力」と定義しています。

わかりやすくいえば、スカウティングのときにバン（播戸竜二）が見せた「ファイティングスピリット」や、ガンバ大阪ジュニアユース時代にリッツ（堂安律）が示した「リーダーシップ」も「人間力」です。W杯カタール大会のドイツ戦でリッツが同点ゴールを決めたときに、すぐに駆け寄って祝福したダイチ（鎌田大地）の「協調力」もそうです。ドイツ戦の同点ゴール後に映し出されたのが、アカデミーで育った2人の「人間力」が表れたシーンだったからこそ、私は妻と大喜びしたのではないかと思います。

「サッカーを楽しむ気持ち」や「フェアプレーの精神」なども「人間力」の部類に入ります。

それらの「人間力」は、大人になってから教えようと思っても、なかなか教えられるものではありません。仮に間違っていたとしても、矯正するのは難しいでしょう。だからこそ、アカデミーでの教育が大切なのです。とくに中学年代のジュニアユースでどう過ごすかが重要です。

高校年代のユースに上がると、選手の数も絞られ、プロという目標もより身近で、明確になってきます。ピッチ内の競争に主眼が置かれるようになり、なかなかそこで「人間力」を育んだり、磨いたりするのは困難な気がします。

もちろん、アカデミーを運営する側はどのカテゴリーであろうとも、選手に「人間力」を備えさせる努力を怠ってはなりません。ただし、身体も心も成長過程にあるジュニアユースの選手のほうが、吸収力は高いのです。

リツ、ダイチ、そしてケイスケもガンバ大阪のジュニアユース時代に自身の「人間力」を高めたからこそ、その後のサッカー人生で成功を収めることができたのではないかと思います。

育ててくれた人生の恩師に感謝する

私にも恩師がいます。

1人目は愛媛・三瓶高校（現・宇和高校三瓶分校）時代のサッカー部監督だった旧姓・藤原（佐山）彰博先生です。

2022年に亡くなられたのですが、私が保健体育の教師となるきっかけをつくっていただきました。

2人目は日系ブラジル人のレジェンド選手で、現在は解説者などで活躍するセルジオ越後さんです。

中京大学を卒業し、郷里に戻って教員の道を歩み始めた私は地元でサッカー教室を開き、講師としてセルジオさんをお招きしたのです。セルジオさんがデモンストレーションで見せる巧みな技に、子どもたちは目を輝かせ、かつてないほどの興味を示しました。そういう姿を見て、私は言葉で教えるよりも、行動で示すほうが伝わりやすいということを学びました。

3人目は、私がガンバ大阪に就職したときの指揮官だった釜本邦茂さんです。日本を代表するストライカーで、Jリーグの前身の日本サッカーリーグ（JSL）で大活躍されたスター選手です。ガンバ大阪では苦労されていましたが、いろいろと勉強をさせていただきました。

4人目が前述した長崎・国見高校の小嶺先生です。

5人目は2005年にガンバ大阪にJリーグ初タイトルをもたらし、2008年にはアジア王者にも導いた西野朗監督です。2018年のW杯ロシア大会で日本代表を率いたことを覚えている人も多いでしょう。

ダンディで一見、ビジネスライクなイメージをもたれやすい西野監督ですが、選手との距離感が素晴らしく、起用が公平公正でした。

たとえば、クラブハウスで選手やスタッフと一緒に食事をするとき、選手たちとは少し離れた場所に座って、しっかりと選手たちの言動を見ている。誰と誰の仲がいいか、うつむいている選手はいないか。

もちろん、練習のときも選手の状態を細かくチェックしていました。ある選手は

「ずっと見られている気がする。だから手を抜くことなんてできない」と言っていました。そして、異変を察知すると、そっとコミュニケーションを取る。西野監督の観察力の鋭さには何度も舌を巻きました。

ほかにも、私にはたくさんの恩人、人生の師匠がいます。それらの人々のおかげで、ここまで大過なく歩んでくることができたと思っています。

人生はいつでも、いつまでも勉強だと思います。マインド、考え方次第で何歳になっても学びはあります。新たな知識を得られたことを喜びとし、感謝の気持ちを忘れず、これからも生きていきたいと思います。

こういったマインド、考え方ができるようになったのも、私が巡り合った素晴らしい選手たち、そして彼らを立派に育てた恩師や保護者の方々のおかげです。

それでは、ここから、そういった素晴らしい選手たちの物語を始めていきましょう。

二宮博×西野朗
本心を探る洞察力をもって選手とわかり合う

二宮　ガンバ大阪を強くしてもらったおかげで、クラブも私個人も大きな恩恵を受けました。

西野　自分の性格的に、常勝軍団を好まなくて。そういうチームよりも下位のチームを押し上げたい。そんな仕事をしたいと思っていた。そしたら、オファーがスーッときて、本当にびっくりした。でも、なじみのない関西。環境も社会も違う。言葉も違う。大阪に行く前に新宿の「ルミネtheよしもと」にも結構、通ったよ。文化に少しでも慣れておきたいと思って。

二宮　意外ですね。いつも洗練されていて、関西弁もしゃべらないイメージがありますから。

西野　たしかに、練習では関西弁はしゃべらなかった。けれど、あるときに「それ、あかんやろ！」という言葉が無意識に出た。「しまった」と思った。みんな揚げ足を取るから（笑）。そしたらトレーナーがこう言ってきた。「選手が監督のことイジってましたよ。監督、あかん言ったよな?」と。でも、それで近くなったような気がするから、良かったのかもしれない。

二宮　アカデミーから多くの選手をトップに上げてもらい、活躍させてもらいました。

西野　ガンバのアカデミーはやっぱりタレントがいい。もっている能力が高い。タカシ（宇佐美貴史）とか、堂安とかのように京都や兵庫からもくる。やっぱり、クラブに魅力があったんだろう。あとは明るいね。伸び伸びというか、選手らがこうやりたいと言える雰囲気があった。別に悪い意味じゃなくて、アキ（家長昭博）なんか「お前、帰れ！」と言ったら本当に帰ってしまった。普通は「いや、頑張ります！」でしょ（笑）。

二宮　当時のガンバには日本代表級の選手がたくさんいました。束ねる西野監督の力量にも素晴らしさを感じていました。

西野　マネジメントは難しいですよ。２００２年にＷ杯があり、ツネ（宮本恒靖）が帰ってきたけど、しばらく試合に出さなかった。チームの状態が良かったんで。「戦力として考えていないわけじゃない」ときちんと説明すると、最後は「わかりました」と納得してくれた。みんなタイプが違うから。「見ていないようで、見ているんですね」と言われたこともあったね。

二宮　いつも冷静沈着でクラブの象徴のような西野監督が選手をしっかりと見ている。だから、選手も気が抜けなかったという話を聞きました。

西野　とくに、なかなか試合に出られない選手のことは考えたね。試合に出ていないけど、優秀な選手が多かったから。Ｊの卵を預かっている。だから、こっちも目配りしないといけない。出場機会が制限されたなかで、ポンと試合に出たときにやれる状態にしてやりたい。だから常に一緒にトレーニングしたり、サテライトの試合にも行ったりした。そういうことで、「見ているんだ」という気持ちが伝わっていたと思う。

二宮　本書でも監督の観察の鋭さを紹介しました。とくにどんなところを見ていたんですか。

西野　単に見るだけではなく、本当はどうなんだという「洞察」にまで入っていかないと。選手は「わかりました」と言っているけど、本心や本音はどうかなという洞察力に至れるかどうか。一方向だけでは観察にしかならない。いろんな角度からアプローチし、それを繰り返していく。日本代表とは違って接するのもデイリーだから。練習場に到着すると、歩きながら駐車してある選手の車を何気なくのぞくこともあった。朝食を食べながら来たな、とか。清涼飲料水が置いてあったり、食べかけのパンもあったり。案の定、グラウンドに行ったら寝ぐせがついていた。一方で、カジ（加地亮）みたいに2時間前から温冷交代浴をやって、ストレッチをしてからピッチに出る選手もいる。ギリギリに来るのを「やめろ」と言うよりも、ディシプリン（規律）で変えていく。何分前に体重を測りなさいとか、自分でストレッチをしてからグラウンドに出るとか、最低限の規律をつくってやれば、いきなり練習に飛び込んでくる選手もいなくなる。選手は条件をつけていくと、ルーティーン化していけるんですよ。毎日やっていくと、車の中の食べかすもなくなっていったよね。

二宮　やはり選手へのアプローチの仕方、選手との距離感が抜群ですね。

西野　たとえば試合でも、本当に攻撃的にいきたいときは、控えにディフェンダー（DF）を入れなかった。それだけでメッセージになるから。スタイルをつくるには、やりきらないとつくれない。2対0で前半を終わっても、後半に3点目を狙いにいった。1点を食らってでも、3点目を目指した。バン（播戸竜二）とかを投入したら、DFは「えっ⁉」となる。自分たちの評価にもつながるし、個別に言いにきたこともあったよ。でも「守備を怠れ」とは言ってないよねって説明していた。「ボール奪取しないと攻撃できないんだし、ハーフタイムにも言った。お前たちの考えていることを先に伝えているんだけど」と。ただの攻撃的じゃなく超攻撃的なスタイルをつくるためには、70分じゃなくて90分間すべてやりきることが大切。そうやって2005年から強烈に打ち出した。方向性を決めて、その財産をみんなが共有するというのが当時はできていた。

二宮　本書では考え方やマインドにスポットを当て、それが成長の鍵というのがメインテーマ。

西野　そうだね、選手たちは素材、タレントをもっていて、いろんなキャラクターがある。それらがプラスされ、選手の本当の能力につながる。監督は、選手が将来日本代表になりたいとか、ヨーロッパでやりたいとか、サッカーに対してどれだけ強い好奇心をもっているかとかを徹底的に探る。だから洞察ですよ。向上心をくすぐる気づきとかを与えられればと思っていた。

二宮　タイトル奪取後は、スカウト活動でも全国の学校から相手にされるようになりました。

西野　最初は周りを見ずに、1人でがむしゃらにやっていた。自分をわかってほしい、お前たちをわかりたいという作業がいろいろなかたちですれ違わないようにしたんだ。2年目で成績が悪かったとき、「来年を見とけ」って感じでクラブが残してくれた。それが良かった。4年目にタイトルを取って、多くのことがガラっと変わりましたよ。とくに、意識。ブランドができ、地方にもサポーターができた。スタッフの意識も基準が「優勝」になる。選手たちも落とせなくなるわけで、自分も変わったなと思えるようになる。でも、心には余裕ができた。そして、アカデミーにも一層タレントが集まってきた。ガンバ大阪での10年間は、チャレンジができたね。

二宮　最後に、未来のサッカー選手たちへメッセージをお願いします。

西野　ケイスケ（本田圭佑）が星稜高校に行かざるをえなくなった心境って、反骨心とかいろいろあったと思う。そういう強い好奇心とか高い向上心を常にもち続けていくことが大事だと思う。戦術とかは、おのずとついてくるものだからさ。多くの選手を見てきたからこそ、そう思うね。

第2章

受容力

‖

人の話を素直に
聞き入れる力

まねることから学んだ本田圭佑の一撃

選手たちの物語を紹介するにあたって、言っておかなければならないことがあります。それは、選手にはいろいろな育ち方、成長の仕方があるということです。

数えきれないくらいたくさんの選手と接してきましたが、誰1人として同じ育ち方、成長の仕方をした選手はいません。本当に千差万別、十人十色。取り巻く環境も、人それぞれ異なります。

たとえば、チーム戦術ありきの監督の下で指導を受ければ、言われたことをすべてこなせばパーフェクトという考え方、マインドになってしまいかねません。勝敗重視のチームなら、何よりもその場で結果を出すことが求められるでしょう。

しかし、第1章でふれた素晴らしい選手たちは、それで満足しませんでした。さらに高いレベルに到達することを望み、プラスアルファを求めて自分なりの工夫をしたり、他者のアイデアを取り入れたりして、足りないものを補っていきました。

補うには、物事を突き詰めて考える探究心や、新たなことに興味をもつ好奇心は欠かせません。そして旺盛な探究心、好奇心をもち続けるには、自分を真っ白に見て、必要なものを素直に受け入れる受容力が必要となってくるのです。

ガンバ大阪のアカデミー時代から、ケイスケ（本田圭佑）は学ぶ姿勢が一途でした。高校時代、ケイスケは後に大きな武器となる「一芸」を身につけることに特別なこだわりをもって、練習に励みました。

ガンバ大阪のジュニアユースから石川・星稜高校に進学した彼は、サッカー部監督の河崎護先生の薦めで、特別指定選手として名古屋グランパスエイトの練習に参加します。

当時の名古屋グランパスエイトには、フリーキック（ＦＫ）の名手のウェズレイがいました。２００３年に22ゴールをマークして得点王となるなど輝かしい成績を残す一方で、「猛犬」とあだなされるような猛々しいプレーでも知られたブラジル人ストライカーです。何度か名古屋グランパスエイトの練習に参加し、星稜高校に戻ってくるたびに、めきめきと技術力を上げたケイスケは、いつからかウェズレイのＦＫの蹴り方をまねし始めました。

2015年のラグビーW杯で話題となった五郎丸歩さんのプレースキックと原理は一緒です。3歩下がって少し右に立ち位置を変える。蹴る前のいわゆるルーティーンの仕方からウェズレイのやり方をそっくりまねしたのです。

こうしたルーティーンには一般的に、平常心を保てたり、集中力を高めたりする効果があると言われています。

そうして身につけたのが、「レフティー・モンスター」と形容されることになった強烈な左足での無回転ぶれ球FKです。2010年W杯南アフリカ大会1次リーグ第3戦のデンマーク戦。岡田武史監督率いる日本代表を2大会ぶりの決勝トーナメントへと導くきっかけとなった一撃は、ケイスケの左足から生まれました。

前半17分にやや右寄り、ゴールまで約30メートルの位置で得たFK。彼はいつものルーティーンから力強い助走に入り、左足を振り抜くと、ほぼ無回転のボールは相手ゴールキーパー（GK）の手前でぶれながら鋭く落ちて、ネットに吸い込まれました。ウェズレイのモノマネから始まった探究心が実を結んだ瞬間でした。

「学ぶことは、まねることから始まる」。世界最高峰のW杯の舞台で、その言葉がサッカーの世界でも真実であることを、ケイスケは自らのゴールで証明しました。

ちなみに、デンマーク戦では、ヤット（遠藤保仁）もFKで日本代表の2点目を決めました。ガンバ大阪に関係する2人がそろってFKで得点を挙げたデンマーク戦は、現地で観戦していた私にとっても、忘れられない思い出です。

星稜高校の河崎先生はサッカー部の監督であるとともに、ケイスケの担任を3年間務めました。河崎先生は3年間で一度もケイスケを叱ったことがないそうです。

ミーティングがあると、いつも目の前の〝指定席〟に座り、監督である河崎先生を真っ直ぐに見て一言も聞き漏らすまいとする。

自分にとってプラスになると判断したものは、何でもその道の専門家に尋ねて積極的に取り入れる。理解できなければ、理解できるまで毎日、何度でも尋ねる。疑問に感じたことは、真っ直ぐにぶつける。

探究心・好奇心＝受容力と思うのは、ケイスケのスポンジのような吸収力の事例が念頭にあったからです。

ケイスケといえば、小学6年生のときに記した「将来の夢」と題した卒業文集が有名です。彼がACミラン入りした際に、かなり話題となったので、書かれた文言を目にしたことがある人も多いでしょう。

「ぼくは大人になったら　世界一のサッカー選手になりたいと言うよりなる」で始まる文集には、こんなフレーズもあります。

「世界一になるには　世界一練習しないとダメだ。だから　今　ぼくはガンバッている。今はヘタだけれどガンバッて　必ず世界一になる」(原文ママ)

この貪欲さ、自己を叱咤して励む心が、彼の探究心、好奇心を発動させるエネルギー源です。何事でも一緒だと思いますが、一度興味をもったことは途中で困難にぶちあたっても、むやみに投げ出さず、最後まで一生懸命にやりきるべきだと思います。ケイスケはその突き詰める力も優れていました。

「彼はピッチの中で監督のような存在だった。とても高校生レベルではなかった」

あらためて河崎先生に高校時代のケイスケについて尋ねると、そんな答えが返ってきました。技術ももちろんですが、頭と心も高校時代に磨かれ、鍛えられたのです。3年生のときには主将を務め、全国高校サッカー選手権大会で4強入りしました。

ガンバ大阪のジュニアユースからユースへの道が閉ざされたケイスケは生まれ育った大阪を離れて過ごした高校の3年間で、たくましく成長し、鳴り物入りで名古屋グランパスエイトに入ることになりました。

熱意で道をつくった播戸竜二のバイタリティー

ケイスケ（本田圭佑）は星稜高校で大きな学びを得ましたが、探究心、好奇心を満たすのに、自身が置かれた環境はあまり関係ありません。どこにいても、やろうと思えば自分を磨くことはできると思います。

その代表格が、バン（播戸竜二）です。

高校時代まで無名の選手だった彼は、自己流でサッカーを覚えてきました。中学生のころは地元の社会人に交じってプレーしていました。本格的な指導を受けたのは兵庫・琴丘高校に入学してからのことです。

サッカー部監督の樽本直記先生から教わるなかで、バンは猛烈に自主練習をするようになりました。樽本先生は後に兵庫県サッカー協会から功労者として表彰されるなど、多くのサッカー選手を育てました。おそらく、樽本先生の教えがバンにとっては〝目から鱗〟だったのでしょう。

当時の琴丘高校のサッカー部員のなかではもっとも遠くに住んでいましたが、誰よりも早くグラウンドに来て、いちばん遅くまで残ってトレーニングしていました。練習の手伝いは樽本先生の娘で、当時、サッカー部のマネジャーだった大塚好美さんがしていたそうです。

そうして技量を上げ、ガンバ大阪のスカウトをしていた私の目にとまったバンですが、彼ほど私に「本当にガンバ大阪に入れるんですか?」と何度もしつこく尋ねた選手はいません。何人もの選手をスカウティングしてきましたが、熱意は断トツです。

スカウトをしていて、獲得しようと思う選手が決まると、所属しているチームや学校に挨拶に行きます。場合によっては、本人や保護者にも私の連絡先を教えます。そこに毎日のように電話がかかってくるわけです。

本人からしたら、目標にしていたプロのサッカー選手になれるかどうか、今後の人生がかかった運命の分かれ目です。必死になる気持ちもわかりますし、人の一生を決めてしまいかねないスカウトの仕事の重大さも身にしみます。

ただ、ガンバ大阪の方針が当時の経営状況もあって固まっていませんでした。バンには大学進学の道もあることをそれとなく伝えましたが、彼は、

「大学に行くのなら、ブラジルに行ってプロになる覚悟をもっている」とまで話していました。「意志あるところに道は開ける」と言いますが、無名の高校生から日本代表選手にまで上り詰めたバンのサッカー人生は、その言葉がぴったりと当てはまります。

彼はプロとなってからも、探究心、好奇心を失いませんでした。

「どんなときでもベストな勝負ができるために、すべきことを準備する」

これが現役時代の口癖です。社会人との草サッカーで技量を磨いた中学時代、樽本先生の指導の下で猛練習に取り組んだ高校時代と、決してレベルの高い場所に身を置けたわけではありませんが、どんな環境でも下を向くことなく努力を続けました。

彼は現役時代にJ1通算で87ゴールを奪いましたが、うち約3分の1に相当する27ゴールが試合の途中から出場して奪った得点です。途中出場での27ゴールは歴代最多のJリーグ記録です。

厳しい局面で実力を発揮するところに、バンの真骨頂が表れているように思います。出場機会がどんなに限られていても、できるだけいい準備をし、ピッチに立ったら全力でプレーする。そのひたむきさで、バンは多くのファンを魅了しました。

ガンバ大阪を含めて7チームを渡り歩いたバンですが、熱血漢で明るく、お茶目なところがある彼の性格も、プラスに働きました。どのチームに行ってもすんなりと受け入れられ、ファンに愛される存在となったのです。

そんなバンの探究心、好奇心は彼の圧倒的な熱量、バイタリティーから生まれているように思います。

得意技にこだわり磨き続けた職人・大黒将志

2006年W杯ドイツ大会日本代表のオグリ（大黒将志）もケイスケ（本田圭佑）と同じように、自身の技、プレーの質と結果にこだわり、矢印を自分に向け続けて成長した選手です。

ガンバ大阪の地元の北摂地域にある大阪府豊中市で生まれ、初代監督の釜本邦茂さんが立ち上げたガンバ大阪ジュニア（小学年代）の前身の釜本FCに入りました。そのあとはジュニアユースからユース、トップチームへとガンバ大阪一筋でステップアップしました。彼ほどガンバ大阪のアカデミーで育ったことに誇りをもっている選手はいないかもしれません。

同期で司令塔役のフタ（二川孝広＝現・FCティアモ枚方監督）とはジュニアユース、ユースを通じてずっと一緒。今も2人は仲がいいコンビです。フタのスルーパスからオグリがゴールを決める。ガンバ大阪で一時代を築いたホットラインはアカデミー時代からつながっていました。

当時のガンバ大阪アカデミーは技術へのこだわりが今以上に強く、個性を尊重する指導が徹底されていました。

個々の実力に応じ、規制することなく自由に、技術を学ばせたのです。そのなかから生まれたのが、オグリ独特の大胆な切り返しです。相手の動きの逆を取り、絶妙なキックフェイントで裏をかく。ある意味、相手をあざ笑うかのようなトリッキーなプレーは、決まるとなんともいえない痛快さがありました。

彼は当時のフィジカル重視、規律重視の全国高等学校体育連盟（以下、高体連）のサッカー部からはなかなか出てこないタイプの選手だったといえます。

試合の勝ち負けよりも、個性を伸ばすことに重点を置いたJリーグのアカデミーだからこそ誕生した規格外のストライカーです。

オグリはコンサドーレ札幌への期限付き移籍を経てガンバ大阪に復帰すると、2003年に才能が開花しました。

シーズン2桁得点を続けて2005年にジーコ監督率いる日本代表に初選出されると、W杯ドイツ大会アジア最終予選で活躍し、本大会のメンバー入りも果たしました。北朝鮮戦のアディショナルタイムに挙げた値千金の決勝ゴールでヒーローとなると、難敵のイラン戦でも試合終盤に勝ち越しゴール。その勝負強さ（＝ご利益）から「神様、仏様、大黒様」ともてはやされました。

実態は、自分のプレーに対する強いこだわりをもった職人気質の選手でした。自分のスタイルで点を取る思いが、とにかく強かった。ある面、異端児です。チームが勝っても自身のプレーが納得できなければ、あまりうれしくない。そういう選手でした。どちらかといえば、点取り屋に多いタイプといえるかもしれません。

悪い意味ではなく、彼自身は裏表のない気持ちのいい男です。純粋なサッカー小僧とでも言いましょうか。

ユース時代に大阪府の国体（国民体育大会）選抜チームに選ばれるかどうか微妙な立場となった時期がありました。

オグリの実力は申し分なかったのですが、選抜チームの監督が求めるスタイルと合致していなかったのが理由です。選ばれて当然と思っていたオグリは少しヘソを曲げました。招集を辞退しかねませんでした。それでも私が、

「選ばれたら、必ず行くべきだ。それが自分のためになる」

とアドバイスすると、受け入れてくれました。そういう、真っ直ぐな選手です。

アカデミー時代から1対1の練習をするのがとにかく大好きで、相手に尻もちをつかせたり、動きの逆を取ったりすることにやりがいを感じているようでした。1対1で勝つことへの強い執着心。それが、彼の探究心の源であり、好奇心の対象でした。

オグリは2006年にガンバ大阪を退団後、フランス2部のグルノーブル・フット38を経て、イタリア・セリエAのトリノFCや中国スーパーリーグの杭州緑城足球倶楽部（現・浙江緑城足球倶楽部）でもプレー。日本国内でもガンバ大阪を含め、京都サンガやモンテディオ山形など計9チームを渡り歩きました。

ボールとスパイクがあって、サッカーができる環境であれば、どこにでも行くとい

った腰の軽さは、いかにもオグリらしいと思います。

引退後はオグリ2世の発掘、育成に取り組んでいます。いつかまた、独特の個性をもったストライカーを育ててくれるのではないかと期待しています。

上手な選手と調和した遅咲きの橋本英郎

2022年シーズンを終え、1人の元日本代表選手が43歳でユニホームを脱ぎました。ガンバ大阪でプロ生活をスタートさせ、ヴィッセル神戸やセレッソ大阪でも活躍したハッシー（橋本英郎）です。

最後のシーズンは関西1部リーグに所属する「おこしやす京都」で選手兼ヘッドコーチとしてプレーしていました。

大阪市阿倍野区出身で、名門の大阪・天王寺高校から大阪市立大学に進んだ頭脳派。

2022年に亡くなったイビチャ・オシム監督が指揮していた2007年に日本代表

に初招集され、ガンバ大阪のチームメートで、ダブルボランチのコンビを組んでいたヤット（遠藤保仁）とともに「汗かき役」「水を運ぶ選手」として重宝されました。

彼はバン（播戸竜二）と同じ1979年生まれです。ガンバ大阪のジュニアユースからユースへとステップアップしましたが、同学年には年代別の日本代表に選ばれるなど飛び抜けた存在のイナ（稲本潤一）とイバ（新井場徹）がいました。

ユースでは常に絶対的な2人に次ぐ3番手の扱いです。しかし、現場の監督やコーチ陣の評価、受けは非常に高く「このまま見放すのは惜しい存在」という声があがりました。ハッシー本人や両親は大学進学を優先的に考えていたようですが、どうにかトップチームに入れたいという話になり、私が兵庫・琴丘高校からスカウトしてきたバンとともに、月給10万円の練習生としてガンバ大阪に入団することになりました。

イナの年俸を月額換算した額の10分の1以下の金額です。一般の会社員の初任給のほうがずいぶんと良かったでしょう。

内幕の話をすると、当時のガンバ大阪は成績も観客動員も芳しくなく、経営的にも選手人件費が今ほど潤沢ではありませんでした。ですので、高卒年代の選手を4人もトップチームに加える余裕がありませんでした。

そのなかで、苦肉の策として、ハッシーとバンには練習生として契約してもらいました。ガンバ大阪が練習生契約をしたのは後にも先にも、このときだけ。それほど、どうにかして加入させたかったのです。

ハッシーと契約交渉する際には、両親にも同席してもらいました。教育熱心な家庭という印象がありました。それなのにプロの道に誘い、しかも同期のイナ、イバと大きな格差をつけ、中途半端な練習生としてしか契約してあげられなかったことが、私のなかではずっと心に引っかかっていました。

ハッシーが引退したあと、プライベートで一緒に食事をしました。選手時代の慰労会と、これからの活躍を応援する激励会でした。その席で私が「最初は練習生という契約しかできず、申し訳なかった」と謝ると、ハッシーは「その言葉を、そのまま両親に伝えます」と言ってくれました。

20年以上も引っかかっていたものが、スーッと消えてなくなる気がしました。相手の気持ちをくんで、行動に移したり、言葉に発したりできる。これはハッシーがもっている素晴らしい「人間力」の1つです。

いくつものポジションを高いレベルでこなして「ミスター・ポリバレント」とも評

されたハッシーのプレースタイル自体がそうです。どのポジションでプレーしても、近くにいる選手の良さを引き出し、黒子に徹することもまったくいとわない。

自分は主役にならなくてもいい、誰かが輝いてチームが勝てばいいと考えることができる謙虚で献身的な姿勢は、自己中心的なタイプの多いサッカー選手（それも一概に悪いことではありませんが……）のなかでは貴重です。

なぜ、そういう考え方になったのでしょう。私が思うのは、当時のガンバ大阪の陣容です。彼の周りには常にすごい選手がいました。

本職としているボランチにはイナやヤットがいて、途中からはミョウ（明神智和）も定位置争いに参戦しました。トップ下には足元の技術が巧みで不動のレギュラーのフタ（二川孝広）がいて、サイドバックにはイバ、そして２００６年以降は同学年のカジ（加地亮）が加わりました。どこもかしこも日本代表レベルの選手ばかりです。

ハッシーは彼らと接し、彼らを輝かせるプレーを心がけることで、彼らからさまざまな技術を盗んでいったのだと思います。こういう探究心、好奇心もあります。

ハッシーの年度別成績を見るとよくわかりますが、Ｊ１で初得点を記録したのは入団６年目の２００３年。レギュラーに定着したのは、ガンバ大阪が初タイトルを獲得した2005年からです。

彼は遅咲きの大器晩成型です。何歳になっても飽くなき探究心、好奇心をもち、じわじわと吸収して自身をレベルアップさせていきました。

ハッシーはもともと、ジュニアユース時代はフォワード（FW）の選手でした。そこから前線に上手な選手が入ってくるたびに、だんだんと中盤の選手にポジションを移したのです。それでも、腐らずにサッカーに打ち込み続けました。その努力が、どこでもできる選手、平均的に能力が高い選手との評価につながり、日本代表に選ばれるようになったのです。「ポリバレントな選手」というと、「器用貧乏」に見られがちな側面もあると思いますが、ハッシーのレベルまで「器用」になると「貧乏」ではありません。

周りはレベルの高い選手ばかり。そのなかで自分の実力を素直に見つめ、何が足りないかを冷静に考え、周りの上手な選手の技を盗み、経験豊富な監督やコーチの指導を素直に聞くことを続けました。

飛躍のきっかけを1つ挙げるとすれば、現在は京都大学のヘッドコーチを務めている堀井美晴コーチのアドバイスでしょう。当時のハッシーはまだトップチームに入団したばかりで、ほとんど試合に出られませんでした。そんなハッシーに堀井コーチが教えたのは「ポジショニングが大事」ということです。

　このヒントを手掛かりに、ハッシーは自己を研鑽しました。味方がボールを保持しているとき、相手にボールが渡ったとき……。どの位置に立って、どういうプレーをするか。攻撃ではタイミングを見計らって駆け上がり、守備ではスペースをカバーし、危険なところを察知する。フィールドを俯瞰的に見る能力が人並み以上に素晴らしかったと思います。

　思い出すのは、２００８年に横浜国際総合競技場（日産スタジアム）で行われたＦＩＦＡクラブＷ杯準決勝でのマンチェスター・ユナイテッド（イングランド）戦です。同年のＡＣＬで優勝し、アジア王者の称号で試合に臨んだガンバ大阪は2対5で迎えた後半ロスタイム、ハッシーが鮮やかなミドルシュートを突き刺し、クリスティアーノ・ロナウドやウェイン・ルーニーらを擁するヨーロッパのスター軍団に一矢を報いました。

　打たれたら、打ち返す。西野朗監督が率いていた当時のガンバ大阪には、そんな考え方が根づいていました。

果敢に攻め上がって一撃を見舞ったハッシーの機を見てゴールに絡もうとする推進力は、アカデミー時代にFWをしていたからこそ生まれたものではないかと思います。

あのマンチェスター・ユナイテッドを本気にさせたガンバ大阪の攻撃的な戦いぶりは、私にとっても誇らしいものでした。試合に敗れはしましたが、ハッシーの素晴らしいゴールが決まった瞬間、ある種の達成感も覚えました。

素晴らしい選手たちの探究心、好奇心の事例を紹介してきましたが、共通していることがあります。探究心、好奇心は主体性がないと芽生えないということです。

主体性をもつには、現在の実力を冷静に見極めるとともに、こういうことを身につけたいと理想を追い求める気持ちや、あんな選手になれたらいいなといった憧れの感情をもつことも大切。

別の見方をすれば、現状に満足しない推進力（＝チャレンジ精神）が探究心、好奇心を生むのです。第3章で、この推進力を取り上げます。

二宮博×播戸竜二
夢に向かった目標設定とやるべきことの継続

二宮　バンを初めて見たのは近畿地区大会。名門の北陽高校との試合でした。多くのチームが参加し、いろんな会場で試合があるので、優先順位を決めて見ていました。狙いを定めていたわけではなく、見にいったら3人ほどいい選手がいて、そのなかでの一番がバンでした。

播戸　中学2年生でJリーグが開幕し、カズ（三浦知良）さんがいて、憧れたところから、プロになると決めていました。中学卒業後に、カズさんみたいにブラジルに行ってプロになりたかった。でも、両親から、日本の社会で生きていくなら、高校は出といたほうがいいと言われて。それで姫路の選抜選手が多く行く琴丘があると知りました。最初は滝川第二に行こうと思ったんですがセレクションが終わっていた。琴丘高校には樽本（直記）先生がいた。指導力があって選手が集まる強いところのほうがプロになる近道だと思いました。家が遠いので朝6時15分の電車で行き、7時半過ぎから朝練に入る生活を続けましたが、プロになりたいけどどうすればいいかわからない時代。雑誌に出ている小野伸二や稲本潤一を見ながら、同い年にこんな選手がいるんやと。ただ、北陽とやって同年代ならやれるという自信もあった。近畿地区大会が終わって樽本先生から、実はガンバ大阪のスカウトが興味をもっているという話を聞き、そこから俄然プロに近づいた感覚がありました。

二宮　バンはとにかく最短距離でゴールに向かう姿勢がよかった。スピードがあるから、ようは抜ける。回り道しない。その前に東福岡高校の小島宏美とか高校サッカーのトップレベルを見ていましたし、ガンバ大阪のユースのレベルも見ていたので、自分がグラっとくるのは大物じゃないかと思ったんです。正直、活躍する確信はありました。学校名とか実績とかは関係ない。それに「播戸」という名前も印象深い。なんて読むのかなって（笑）。

播戸　たしかに、よく間違われました。そのころはプロになりたいと無我夢中で、だから声をかけてもらいつかみ取りたい一心だった。ちゃんと育ったわけじゃないから、最初にユースの練習に参加したときは衝撃でしたね。こんなレベル高いんやって。何もできなかった記憶があります。パスサッカーでFWが起点になるとか、いきなりやれと言われてもなかなか難しかった。人に合わせるとか、サッカーに合わせるみたいなのがあるんやとそのときに感じたんです。

二宮　バンのおかげで、スカウトとしての自信がつきました。SNSに「見つけてくれてありがとうございます」と投稿してたけど、逆にこっちが感謝しています。バンが活躍すれば、誰がスカウトしてきたんやとなりますから。ここまでやってこられたのも、バンのおかげです。

播戸　こっちはプロになりたいと思って、ずっとコツコツやってきただけですよ。それが誰に届くのか、どうなるのかはわかんなくて。でも、わかんないからといって、努力とかやるべきことをやめてしまっていたら、今はなかった。目標を立てて、そのために何をやるべきか考えてやってきたら、見つけてくれたり、引き上げてくれたりする人はいると思うんです。それを信じて、やるべきことをやり続けるのが大事じゃないかなと思いますね。今も、そう思っています。コツコツやり続けていたら、何か先が開けたり、もしかしたらまた二宮さんが引き上げてくれたりするかもしれませんしね。自分の期待値とか目標を忘れず、そこに向かってひたすら進むと、その後につながると思います。

第3章

推進力

＝

物事を目的に向かって、前に進む力

「一芸」を武器に世界に羽ばたいた大黒将志

2023年3月末から4月初めにかけ、サッカー王国ブラジルに視察旅行に出かけました。知人の紹介で、サッカーチームや選手のマネジメントを行っているエージェント会社を訪ねたのですが、日本とのサッカー文化の違いは聞きしに勝るもので、正直、驚かされることばかりでした。

彼らは「枠の中の結果」（つまり、ゴールが入るかどうか）に徹底的にこだわり、それが選手の評価基準として確立されています。試合でミスをしようものなら、自宅から外に出られないくらい激しい非難をファンから浴びる。サッカーに対する激しい感情も、日本とはまったく異なりました。

ブラジルは世界中に多くのタレントを供給している〝選手輸出大国〟でもあります。なかでも、エージェント会社の人たちがよく口にしていたのが、

「お腹がいっぱいの選手は、ブラジル国外ではなかなか活躍しにくい」

という言葉でした。国民性の違いもあるでしょう。貧富の差も日本とは比べものになりません。そういった要素が相まって、ブラジルのサッカー選手はチャンスをものにする、人生を変える、家族を幸せにする気持ちが強いのです。ギラギラした選手がたくさんいて、そういう選手のほうがブラジルを離れても活躍するのだそうです。

現状を良しとしないギラギラとした気持ち、一言で言えばハングリー精神や反発力が、自身を向上させるチャレンジ精神につながり、推進力を駆動させているのです。

逆に言えば、チャレンジ精神、推進力がなければ、いくらハングリー精神や反発力があっても、空回りするだけです。ハングリー精神や反発力を正しい行動に結びつけるのがチャレンジ精神、推進力だともいえます。

さて、オグリ（大黒将志）は、ガンバ大阪に初タイトルをもたらした２００５年に海を渡る決断をしました。移籍先は、フランス２部のグルノーブル・フット38。当時、携帯電話向け情報配信を行う日本企業が経営権を取得し、話題でした。

ヨーロッパは本場とはいえ、行き先は2部のチーム。しかも、半年後の２００６年夏にW杯ドイツ大会が控えており、このタイミングで未知の世界に飛び込むのは一種の賭けになります。語学も決して堪能ではありませんでした。

しかし、オグリに迷いはいっさいありませんでした。自身がガンバ大阪で残してきた実績に絶対の自信をもっていたからです。移籍が決まった際には「どこに行っても自分次第」と周囲に発言していました。

根底にあったのは、ガンバ大阪アカデミー時代に培った自身の高い技術はどこに行っても通用するという自負心でしょう。ガンバ大阪のタイトル獲得や日本代表のW杯ドイツ大会出場に貢献できたことで、その思いをより実感できたはずです。

一方、あるチームでは首脳陣とウマが合わずに思うような結果を残せなかったり、出場機会が極端に限られたりしたこともあります。これも、オグリの強烈な自負心の裏返しと言えるでしょう。「このかたちで使ってくれれば、必ず結果を残せる」というプライドをもっていたのです。相手が誰であろうと、譲れない部分がありました。

もちろん、プライドばかり高くても、見合うだけの実力がともなっていなければ、周囲からバカにされたり、無視されたりするだけです。しかし、オグリには探究心、好奇心によって磨き上げた「一芸」がありました。独特の切り返しです。そこから、シュートまでもち込む速さも、ずば抜けていました。

振り返ってみると、オグリがペナルティーエリアに入ってからする〝仕事〟には、しっかりとしたストーリーがあるように見えました。ここで、こういうかたちでボールをもって、こう切り返して相手と駆け引きし、ここにボールを蹴り込む。昔の時代劇の番組名ではありませんが、まさに「必殺仕事人」という言葉がぴったりです。

そうした「究極の一芸」への強い思い入れが、彼のチャレンジ精神、推進力を生み出したのです。

「飛び抜けた能力、武器があるかどうかを見極めるのがスカウティングでのポイント」と記しましたが、そういう強み（＝ストロングポイント）を伸ばすことが、実力に裏打ちされたチャレンジ精神、推進力を高めるベースとなり、自身の世界を広げていくことにつながるのです。そう考えると、オグリのチャレンジ精神、推進力は腕試ししてみたいという気持ちの表れでした。

さらに、1つ付け加えるならば、オグリは周囲から生かされる選手でもありました。仕事場はもっぱらボックス（ペナルティーエリア）内。そこにいたるまでの部分を誰かにお膳立てしてもらえれば、必ず仕留めてみせるというスタイルです。いわば「箱の中の哲学」が確立されていました。

ですので、彼が輝くには、誰かに彼の得意なかたちになるまで状況を整えてもらわないといけません。ガンバ大阪でプレーしていたときは、アカデミー時代からの同期で、司令塔タイプのフタ（二川孝広）や、ボランチのポジションから抜群のスルーパスを出すヤット（遠藤保仁）らがその役目を担っていました。

自身の特徴がわかっているオグリは、一芸にこだわりをもつとともに、こうしてもらったら自分は生きるという主張もチームメートにしっかりとしていました。

彼がゴールハンターとして多くのチームで結果を残せたのは、周囲を納得させるだけの材料（純真な性格も含めて）をもち合わせていたからです。

天才・家長昭博が高校のサッカー部を考えた理由

私が見てきたなかでいうと、ガンバ大阪のアカデミーの長い歴史のなかには、3人の「天才」が存在しました。

草創期に活躍したイナ（稲本潤一）と、今もガンバ大阪を牽引するタカシ（宇佐美貴史）、Ｊ１屈指の強豪、川崎フロンターレの中心選手となっているアキ（家長昭博）です。タカシと同じ京都府長岡京市出身のアキは、ケイスケ（本田圭佑）と同期でした。同学年というだけではなく、生年月日もまったく同じ。攻撃的ミッドフィルダー（ＭＦ）が主戦場で、利き足が左足のゲームメーカーというのも一緒です。

周囲がストーリーをつくり上げてあおったのがおもな要因ですが、ガンバ大阪のジュニアユース時代、ケイスケはアキを強烈に意識していました。しかし、アキは、ケイスケのことを特別視してはいませんでした。実際、身体がまだ発達していなかったケイスケはほとんど試合に絡めませんでした。

一方のアキはアカデミーに入ってきたときから「イナ以来の大物」との高い評価を受け、どの年代のチームでも常に中心選手として活躍していました。「アカデミーの最高傑作」と称されたアキは天才肌の選手ですが、むやみにでしゃばったり、人の上に立とうとしたりするタイプではありませんでした。

しかし、いったんピッチに立つと、彼を中心にチームが回り始めます。目立とうとしなくても注目される存在のアキは、誰とでも分け隔てなく接していました。

「来る者は拒まず」という姿勢です。口で言わなくても、一目置かれる。プレーで見せて主張する。彼には肩書なんていらないのです。そういう大人びた懐の深さは、アカデミー時代から少しも変わっていません。川崎フロンターレの中心選手となった近年、チーム内で多くの後輩たちに慕われているのも、よくわかります。

彼がガンバ大阪のアカデミーに入るきっかけは、小学6年生のときに出場したフジパンCUP、関西U－12サッカー大会です。

決勝でガンバ大阪ジュニアとアキのいた長岡京サッカースポーツ少年団が対戦しました。下馬評はガンバ大阪ジュニアのほうが圧倒的に高かったのですが、結果は長岡京が1対0で勝利。強烈な左足のキックで決勝点を挙げたのがアキです。

彼の最大の特徴は左足のドリブルと仕掛けです。決定的なパスも出せます。同じ年代の選手たちのなかでは最高のスキルをもち、ジュニアユース時代から全国区の知名度がありました。ユースに昇格していくものとガンバ大阪のスタッフ全員が思っていたのですが、中学3年生のときに彼は、思いがけない行動に出ました。

ある日、知り合いから私のところに、アキが兵庫・滝川第二高校の練習に参加するとの情報がもたらされました。よく聞くと、練習に参加するのは「今日の午後」。滝川第二高校は高校サッカーの強豪で、率いる黒田和生先生も多くのJリーガーを育てた名将として知られていました。

驚いた私は休みを返上して滝川第二高校を訪ね、アキが参加した練習を見守り、その後、一緒に列車に乗って大阪に戻りました。

途中、いろいろな話をしました。一言一句を覚えていませんが、多少は引き止める言葉もかけました。結局、アキが行くことはなかったのですが、私のなかでは、「滝川第二高校に進学し、黒田先生に育てられていたら、どんな選手になっただろう」

そう思うこともあります。空想の世界の話ですが、もしかしたら日本代表を背負って立つような選手になっていたかもしれません。プロ選手にならなかった可能性もあります。そう考えると、育成に１００％の正解はない気がします。

アキが滝川第二高校に興味をもった理由ははっきりとはわかりません。引退したら、じっくりと聞いてみたいと思っています。

サッカーに打ち込む環境は、ガンバ大阪アカデミーのほうが整っていました。高体連のサッカーに憧れがあったのか、それとも違う何かを感じ取っていたのかもしれません。現状に飽き足らず、あらゆる選択肢を排除しないところに、アキのチャレンジ精神＝推進力が見てとれます。

「チームで一番の選手になること」が約束されているにもかかわらず、違う可能性も模索してみる。彼はJリーグに満足せず、スペインのRCDマジョルカや韓国の蔚山現代FCでもプレーしました。

オグリと同じように自身の技術に絶対の自信をもち、世界に飛び出していったのです。アキの技術力の高さは折り紙つきで、私がアカデミーの選手たちを引率してスペインに行くようになってからも、現地の関係者から、

「RCDマジョルカ時代のアキのテクニックは素晴らしかった」

とよく言われました。ガンバ大阪アカデミー時代にアキを指導し、現在は大阪体育大学に務める曽根純也教授によると、アキはふだんはのらりくらりとプレーしながら、要所を締めるツボがわかっていたそうです。

勝負所がどこかを察知し、ポイントを外さない〝サッカー脳〟をもった選手でした。子どものころにラグビーをしていたので体幹や下半身が強く、ゼロからトップギアに入るのがものすごく早いのです。

今のところW杯には縁がありません。それは私が思っている「七不思議」の1つです。しかし、2018年に32歳でJリーグの最優秀選手賞（MVP）を獲得しました。

年齢を重ねるごとに、プレーに磨きがかかり、円熟味が増しているように思います。周りの選手のレベルが高ければ高いほど、アキのスキルも生きます。

チャレンジ精神、推進力をもって自分のスタイルがもっとも生きる場所を探し続けた天才・アキは、川崎フロンターレで「安住の地」を見つけたのかもしれません。

10代でバイエルンを選んだ宇佐美貴史の度胸

次に紹介するのは、もう1人の天才、タカシ（宇佐美貴史）です。前述のとおり、アキ（家長昭博）と同じ京都府長岡京市出身です。年齢はアキの6歳年下。小学6年生のときに、私がスカウティングに関わった選手です。

当時、タカシのプレーを見て、私は一瞬で衝撃を受けました。自陣のペナルティーエリアから敵陣のペナルティーエリアまで1人でボールを運ぶのです。野球でいえば、エースで、4番打者で、主将みたいなイメージです。

1対1で1人をかわすと、次の1人も1対1で振り切って、また1対1で次の選手と対峙する。とにかくハードワークして、自分で試合をコントロールしていました。

言い方は悪いのですが、超ワンマンチームで、ずっと1対1をしているような光景に見えました。走行距離、チームメートのために戦う姿勢、身体を張ったプレーのいずれも、小学生離れしていました。

それだけの選手ですから、小学生にもかかわらず、争奪戦がありました。

2004年8月に開かれた第28回全日本少年サッカー決勝大会でのこと。地元の京都サンガは複数のスカウトがタカシを追いかけ、ガンバ大阪は私1人だけでした。

しかし、幸運にもタカシの家庭は家族そろってガンバ大阪のファンでした。長岡京サッカースポーツ少年団の先輩のアキが、ガンバ大阪で活躍していたこともあったからでしょう。ガンバ大阪のアカデミーに入ることに決めてくれました。

アカデミーに入ったときから、タカシはうまく、強く、速い選手でした。私は彼がピッチで躍動するダイナミックなプレーに、スケールの大きさを感じていました。

私には、タカシがガンバ大阪のアカデミーを選んで良かったと思うことがあります。というのは、当時のガンバ大阪のアカデミーでは、短所には目をつぶり、長所を伸ばそうという育成方針が指導者間で徹底されていたからです。

タカシの最大の武器は、私が初めて見たときに衝撃を受けたドリブル突破です。ゴールに直線的に向かうドリブルは誰にもまねできないものでした。

天才タカシを指導するうえで注意したのは、ずば抜けた能力を殺してしまわないようにすることです。ドリブルに関して言えば、通常は1人かわしたらパスを出すのがセオリーでしょう。

しかし、タカシは何人でも抜きたがります。「ドリブルで仕掛けたら、何人抜いてもいい」。そんな〝宇佐美ルール〟ができ、アカデミーの監督、コーチたちで共有しました。個々の素材を大事にする基本方針がアカデミーにあったのです。

話は少し脇道にそれますが、実力に応じた「飛び級」制度もガンバ大阪のアカデミーの特徴でした。タカシは中学3年生で高校年代のユースに飛び級で昇格し、さらに高校2年生でトップチームに上がりました。ユースでは中学3年生のときに日本クラブユースサッカー選手権（U－18）大会で優勝し、高校1年生のときにも中心選手としてJユース選手権大会を制しました。タカシの実力は、ずば抜けていたのです。

前述した3人の天才のトップバッター、イナ（稲本潤一）は高校3年生のときにトップチームに昇格。2人目のアキも高校2年生のときにトップチームに加わりました。「年齢に関係なく、能力に見合った場所でプレーさせよう。うまくいかなかったら元に戻せばいい」という考えは、Jリーグのアカデミーだからできたことです。

今はほかの多くのJリーグチームでも当たり前になっていますが、この能力主義のシステムも「育成のガンバ大阪」を支える柱でした。近年では、W杯カタール大会で活躍したリツ（堂安律）も、高校2年生のときにトップでデビューを飾っています。

さらに、タカシは2011年6月、ドイツ1部リーグの強豪、バイエルン・ミュンヘンに期限付きで移籍しました。当時19歳。バイエルン・ミュンヘンはブンデスリーガ随一の名門チームで、タカシと同じ攻撃的なポジションには、オランダ代表のアリエン・ロッベンやフランス代表のフランク・リベリといった世界的なスター選手がいました。私は10代であのバイエルン・ミュンヘンに加わるタカシの度胸の良さ、世界に挑んでやろうという強い意気込みに驚かされました。

「通用するか、しないか。それは行ってみないとわからない」

エースとして育てられたタカシは自分の力を試したい気持ちが強かったのです。

多くの日本人選手が海を渡るようになっている今でもそうですが、海外で結果を残そうと思えば、最初はコンスタントに出場できるチームを選ぶのが一般的です。

だいたいはヨーロッパの中堅チームから始めて、徐々にビッグクラブへとステップアップしていくのが常套手段です。後述しますが、ケイスケ（本田圭佑）やリツもそういう手順を踏みました。

いきなり世界屈指のビッグクラブ、バイエルン・ミュンヘンに移籍したタカシのチャレンジ精神＝推進力は自らの能力に限界を設けなかったことだと思います。

行く前からロッベンやリベリに勝てないと思ってしまったら、何も始まりません。実際に行動してみて、一緒にプレーすることで体感できるものは大きいはずです。そこで世界の壁にぶつかり、定位置争いに敗れてしまっても、得るものは必ずあります。

タカシはバイエルン・ミュンヘンでなかなか出場機会を得られず、ＴＳＧ１８９９ホッフェンハイム（ドイツ）を経てガンバ大阪に復帰しました。

その後、二度目の海外挑戦でも思うような結果を残すことは叶いませんでしたが、人としての成長ぶりを感じます。それも、チャレンジしたことによる大きな収穫です。

もともと責任感の強い選手ですが、２０２３年シーズンはガンバ大阪のキャプテンを任され、さらにチームやクラブ全体のことを考える頼もしい選手になっています。

アカデミー時代から弱いところは決して見せない、自分のプレーでチームを引っ張るタイプでしたが、年齢を重ねるとともに視野が広くなったように思います。

ガンバ大阪の社長を務めていた山内隆司さんからこんな話を聞きました。

「彼はいつも挨拶してくれるんだ。練習場への行き帰りに私の姿を見かけると、わざわざ遠回りしてでも会釈してくれるのがうれしい」

そういう気配りができる大人になったことを、スカウティングに関わった人間として、とてもうれしく思っています。

耐えることを覚え、逆境を糧にした鎌田大地

ダイチ（鎌田大地）のプレーを初めて見たのも、彼が小学6年生のときでした。

大学時代まで高いレベルでサッカーを続けていた父親の幹雄さんから知人を通じて連絡があり、夏休みに2日間、愛媛県から大阪に来て、ジュニアユースの練習に参加

してもらったのです。1日だけだと緊張して実力を発揮できないかもしれないと思って、2日にしました。

ものすごく暑い日でした。ダイチには中学1年生のチームに交じってプレーさせましたが、ボールタッチの繊細さ、柔らかさ、しなやかさ、切り返しのうまさ、ボールを失わない身体の使い方のうまさに目を見張りました。

小柄でしたが、技術力に重点を置いたガンバ大阪アカデミーのスタイルと合致していました。四国にこんなテクニックのある選手がいるんだとびっくりしました。U−13チームを率いていた梅津博徳監督（現・横浜F・マリノスジュニアユース監督）とチェックしましたが、30分見ただけで「合格レベルやな」と思いました。

練習参加のスケジュールが終了して幹雄さんに合格の旨を伝えましたが、当時のガンバ大阪のアカデミーには選手寮がなく、愛媛から通うのは物理的に無理です。

「寮はないのですが、どうしますか？」

そう尋ねると、大阪・岸和田に親戚が住んでいて、そこから通わせるということだったので、受け入れることになりました。

ダイチは中学生で親元を離れて母方の祖父母と岸和田に住み、片道2時間近くをかけて大阪府吹田市で行われていたジュニアユースの練習に通いました。

入ってきたときは小柄でしたが、3年間で身長が25センチも伸び、身体の成長にプレーの感覚が追いついていかない「クラムジー」にも悩まされ、相次ぐけがにも泣きました。中学1年生のときに腕の骨を折り、3年生のときには大会直前に腰の骨を折ったのです。同期にはエース格のヨウスケ（井手口陽介）がいて、自身は思うように実力を発揮できず、主力チームから外されることもありました。

「愛媛に帰りたい」

そう家族にこぼしたこともあったそうです。週末を利用して息子の様子をよく見に来ていた幹雄さんから、

「ガンバ大阪で一番になったら、帰ってきてもいいと励ましましました」

と聞きました。両親の献身的な支えもあって、ダイチは悩み、苦しんだジュニアユースの3年間を耐え抜きました。

押しも押されもせぬ日本代表の中心選手となっているダイチのチャレンジ精神＝推進力は、困難にぶちあたったアカデミー時代に培われた不屈の心が源です。

サガン鳥栖からアイントラハト・フランクフルト（ドイツ）に渡ってからも出場機

会に恵まれない時期がありましたが、期限付きで移籍したシント＝トロイデンＶＶ（ベルギー）で目に見える結果を出すことで、復帰したアイントラハト・フランクフルトで定位置を確保しました。どんな環境でも前を向ける心の強さで、ダイチは逆境を成長の糧に変えてきたのです。

ダイチの成長を語るうえでは、愛媛県のキッズＦＣ（現・ＦＣゼブラキッズ）で飯尾始監督から受けた指導も欠かせません。

3歳のころにサッカーを始めたダイチはそこで、サッカーの楽しさを教わりました。アットホームで伸び伸びとした育てられ方が、ダイチの真っ直ぐな心を養ったように思います。

物事が思うようにいかないときに、ひねくれたり、ふてくされたりすると、事態を好転させるチャレンジ精神、推進力は生まれません。キッズＦＣ時代のエピソードは、別の章であらためて詳述します。

第3章で取り上げたオグリ、アキ、タカシ、ダイチには共通点があります。イナやリツ、ツネ（宮本恒靖）もそうですが、ガンバ大阪のアカデミーを巣立った彼ら全員が、自分の腕を磨く、あるいは自身の技を試すために海外に向かいました。この海外志向の強さもガンバ大阪アカデミー出身者の特色です。

毎年、ガンバ大阪のアカデミーでは保護者説明会を開くのですが、必ず言う言葉があります。

「この子たちには将来、世界で活躍する選手になってほしいと思っています」

保護者の方々はおそらく、旺盛なチャレンジ精神、推進力で海外に飛躍していった多くのＯＢたちの姿から、世界を身近に感じていることでしょう。ＯＢたちが確かな道をつくってきたのです。

章の冒頭でブラジルのエージェント会社のエピソードを紹介しましたが、母国を飛び立って海外でプレーするにはハングリー精神や反発力が不可欠で、それらを正しい方向に向けるにはチャレンジ精神＝推進力が欠かせません。

それは、ブラジル人だろうと、日本人だろうと変わらないと思います。

二宮博×大黒将志
自分にプラスになるかが決断の決め手

二宮　ガンバ大阪のアカデミーでもオグリのキックフェイントからフィニッシュまでの一連の流れは突出していた。先日、西野（朗）監督と対談したときも、同学年のフタ（二川孝広）とのホットラインを絶賛し、「オグリのギラギラ感がすごかった」と聞きました。そのくらい大黒将志の存在感は大きかった。

大黒　いやあ、西野さんはよく見ていたんですね。僕のギラギラ感も、フタのところも。フタはうまいけど、でも欲がない。そういうところも西野さんはよく見えていたんだと思いました。

二宮　ギラギラ感で言えば、2006年のW杯を控えたタイミングで、海外に挑戦した。フロンティア精神もオグリらしいですね。

大黒　日本代表には海外でプレーする選手も多かったですし、僕も海外に行ってみたいと思っていた。W杯はW杯で置いておいて、自分にとってプラスの財産になるだろうと思ったんです。もちろん、簡単な決断じゃなかった。小学3年生からいたチームを離れる寂しさもありました。でも、行ってみないとわからないですし、今後の人生に役立つと思ったんで、決断しました。

二宮　海外へ羽ばたく選手が出ることは、スカウトの口説き文句になります。アカデミー育ちが代表に入ってW杯に出て、そして海外へ。ガンバはそれが絶え間なく続いた。ただ、個人的には選手としてガンバに帰ってきてほしかった。

大黒　僕も帰ってきたかったんですけどね。でも、指導者としては帰ってこられました。

二宮　オグリはプレーを見るだけで、逆を取る動きだけでおもしろい。これだけ1つのプレーでファンやサポーターを湧かせる選手はなかなかいない。だから、引く手あまただった。

大黒　どこに行っても、点は取れていたんで。

ユースのときの指導者に「いつ、どこでも、誰とでも、いいプレーができるのがいい選手」と教えられていました。点を取ってほしいというオファーがあれば、そこに行って点を取る。新しいチームでも3日くらいあれば、味方の特徴もわかりますし、2〜3試合で点が入るんです。アジャストはそんなに難しくないですし、多くのチームを渡り歩いた慣れもありますしね。とにかく、点を取るのが仕事やから。

二宮　オグリは周りに生かされる選手だが、どこに行ってもパスの出し手と合わせることができた。それが長く活躍できた要因でしょう。

大黒　どの状況だったらターンができるとか、どんな質のボールを蹴るとか観察するんです。最初は自分がほしいタイミングで動いてみて、難しかったら僕が合わせるようにしていました。

二宮　アカデミー時代のオグリに影響を及ぼしたのは、西村（昭宏＝現・高知ユナイテッドSCゼネラルマネージャー）さんでしたよね。

大黒　僕はガンバの指導者のいいところを引き継いだ感じです。そのいいところをガンバの子どもたちに教えたいと思って戻ってきました。教えて、できるようになるとうれしいし、それが習慣化すればと思っています。

二宮　U－17日本代表の強化合宿にもコーチとして招かれ、幅広く活動している。アカデミーでこれだけ点を取っているコーチはいません。実績で選手から尊敬されるし、性格上も笑わせたり、褒めたり、おだてたりと、自信をつけさせて前向きにさせられる。オグリにしかできない、とんがった指導者になってほしいですね。

大黒　僕にとってガンバは特別なクラブです。感謝しかない。指導者をするならガンバ大阪。全員が後輩です。かわいくて仕方がないんです。

第4章

自己啓発力

＝

常に目的をもち、
自己を高めていく力

背負った期待を目標達成の力に変えた稲本潤一

W杯カタール大会の熱気が最高潮に達していた2022年12月3日、私は神戸市の甲南大学が開講している社会人向けの公開講座に、ガンバ大阪OBのカジ（加地亮）とともにパネリストとして参加しました。

テーマは「最高のチームを作るための思考力」。第1部で基調講演も受け持ち、カタール大会で脚光を浴びたリツ（堂安律）やダイチ（鎌田大地）の素晴らしさについて語ったのですが、本章のテーマである目標設定力＝自己啓発力の観点では、第2部のパネルディスカッションでの発言のほうが合致しているように思うので、そちらを紹介します。

講座は地域でビジネスを起業しようとしている社会人が対象でした。私はそういう人たちのためになればと、日本代表を率いている森保一監督や、解説で話題を呼んでいたケイスケ（本田圭佑）を例に挙げて「まずはこうなりたいという夢をもつこと。

（組織では）リーダーがあるべき姿を明示することが必要」と話しました。

ケイスケの「夢」は「世界一のサッカー選手になる」です。

森保監督が明示したあるべき姿は「新しい景色を見るために覚悟をもって挑戦する」。つまり、W杯カタール大会で史上初のベスト8入りを果たすことでした。

「夢」というと抽象的なイメージがありますが、「目標」に転換することで自分がどうなりたいかを具体的に思い描くことができます。ただ、漠然とした理想像を頭に思い浮かべるだけでは、前には進めません。

目標をどこに定めるかによって、日々の過ごし方は変わってきます。すぐに実現できる低い目標だとあまり進歩はないし、一生努力しても手の届かないような高い目標をいきなり立てても、頑張ろうという気持ちは長続きしません。

どのくらいの時間をかけて、どのくらいの高さまで到達するのか。自身を客観視し、自身に合った目標を立てることが重要です。

一般的には、進歩を実感できるレベルが、自身を奮い立たせやすいように思います。高い目標を設定し、到達するには、やり遂げる決意や並々ならぬ努力が必要です。

目標を定めることと、そこに向かって邁進することはワンセットです。

だからこそ、目標設定力は自己啓発力とイコールで「常に目的をもち、自己を高めていくことができる力」と言えるのです。

ガンバ大阪アカデミー初期のレジェンド、イナ（稲本潤一）は自分の立ち位置をしっかりと見定め、そこから目標を設定するタイプでした。

彼は大阪府堺市出身で、前述したガンバ大阪の「飛び級」制度の第1号です。高校生のときからトップチームの練習に参加していました。そのころのユースの練習は夕方からだったので、学校の授業が終わってから駆けつけても間に合いますが、トップチームだとそうはいきません。プロの集まりであるトップチームの練習はおもに午前中に行われます。地元の公立高校に通いながら参加するのは無理がありました。

そこで、大阪府茨木市内にある通信制中心の私立向陽台高校に編入することになりました。午後から登校し、授業を受けなければならない日もあります。私はトップチームのスカウトを務めていましたが、ほかに適任者がいなかったので、練習が終わったイナを車で学校まで送り届けていました。食事を取らせなければならない日もありました。向陽台高校に向かう途中、茨木市内の回転ずしの店などで一緒に昼食を食べたことを覚えています。私は前職が中学校の教員でした。だからでしょう、高校との打ち合わせや、やり取りも任されていました。

イナから始まった向陽台高校との縁は、四半世紀たった今も続いています。アキ（家長昭博）もタカシ（宇佐美貴史）もリツも向陽台高校卒。現在では、ユースの全員が向陽台高校に通っています。

ともあれ、イナはまじめで温厚、自分の考えを言葉にしてペラペラとしゃべるようなタイプではありませんでした。そのぶん、胸の内に秘めたものがしっかりとある。将来を嘱望され続けたアカデミー時代から、ぶれない心をもっていました。

そのぶれない心こそが、のちにヨーロッパに羽ばたき、2002年W杯日韓大会で活躍するという高い目標のベースとなりました。

授業が終わると、堺市内の実家に電車で戻り、また、翌日の午前にトップチームの練習に参加していました。まるで売れっこアイドルのような分刻みのスケジュールをこなしていましたが、イナが音を上げたり、弱音を吐いたりすることはありませんでした。送迎中の車中では疲れて寝ていることもよくありました。

根底には、クラブへの感謝の気持ちもあったと思います。年代別の日本代表でもずっと中心選手だったイナに対するクラブの期待は、非常に大きいものがありました。

当時のガンバ大阪は成績もあまり良くなく、イナの成長にかけていたのです。すべてを捧げるといったスタンスで、イナの成長を助けました。そういうクラブ側の姿勢を、イナも感じ取っていたでしょう。まだ子どものようなあどけなさを残していましたが、大きな期待に応えようとしていました。一身に背負わされた期待を自身の目標達成の力に変えていたのです。

口にこそ出しませんでしたが、イナは当時からヨーロッパを意識していました。もともとボール扱いの上手な選手でしたが、徐々にひ弱な部分がなくなりました。吸収力が高く、大人のサッカーに対応していったのです。アカデミー特有の丁寧でスキルフルな選手の素養に加え球際のこだわりが強くなり、タフでたくましい選手へと変貌したのです。こういったところにも、イナの着実な目標設定力がうかがえます。

1999年に行われたワールドユース（現・U－20W杯）ナイジェリア大会で準優勝し、「黄金世代」の主要メンバーとして国際舞台での経験を積み上げていったイナがイングランド・プレミアリーグの強豪、アーセナルに期限付き移籍したのは2001年。21歳のときでした。

激しい当たりのプレーが特徴的なイングランド・プレミアリーグですが、イナには肉体的に負けない自信があったのだと思います。その後もフラムFC、ウェスト・ブロムウィッチ・アルビオンとサッカーの母国のクラブを転戦するうちに、彼自身のプレースタイルもテクニシャンからクラッシャーに変わっていきました。

彼は2022年から、関東1部リーグの南葛SCでプレーしています。

2022年10月には、鹿児島で開かれた第58回全国社会人サッカー選手権大会で会いました。クラブ幹部の視察に随行していた私の姿を認識すると、イナは、

「おー、キンちゃん！」

と、気さくに声をかけてくれました。「キンちゃん」とは「二宮」という私の名前からつけられたニックネームです。江戸時代の思想家、二宮金次郎に由来します。彼もニックネームで私を呼んでいたのかと、昔の記憶がよみがえってきました。

そして、あの笑顔。ガンバ大阪のアカデミー時代にしばしば見かけ、2002年W杯日韓大会のベルギー戦でゴールを決めて走り出したときにも見せた、あの人懐っこい表情は、40歳を過ぎても変わっていませんでした。

誰からも好印象をもたれる存在であったことも、イナが「夢」を「目標」に転換させ、実現していく助けになったように思います。

情報を多角的に分析し、進路を選択した本田圭佑

ガンバ大阪のジュニアユースからユースへの昇格を逃したケイスケ（本田圭佑）は縁もゆかりもなかった石川・星稜高校に進学しました。

のちにはガンバ大阪アカデミーの選手を受け入れてもらう関係になりましたが、当時は前例のない進学先。彼がガンバ大阪から星稜高校に進んだ第1号でした。

一般的には先輩がいたり、クラブと縁のある指導者がいたりする進学先を選ぶほうが無難です。しかし、ケイスケの発想は違いました。ケイスケには3歳年上の兄がいます。今は選手のエージェントとして活躍していますが、高校サッカーの名門、東京・帝京高校を卒業後にアルゼンチンでプロ契約したユニークな経歴をもっています。ケイスケの進路決定には、そんな兄の存在が大きかったのではないかと思います。

第2章で紹介した小学校の卒業文集に、ケイスケは「世界一のサッカー選手になる」という「将来の夢」を記しました。あまりに大きな目標ですが、彼には、そこに

到達するにはどうしたらいいのかという明確なビジョンがあったのだと思います。

目標を現実にするには、まずはプロの選手になる必要があります。

昇格を逃した以上は、高体連傘下の高校でサッカーを続けなければならない。そうであれば、多くのクラブのスカウトの目にとまる強豪校がいい。目にとまるには、全国高校サッカー選手権大会に出場できる可能性が高い高校を選ぶべきではないか。

ただし、自分が中心選手として活躍できる環境でなければ、意味がない。冷静に判断しての星稜高校への進学でした。15歳で人生の設計ができていたのです。帝京高校に進んだ身近な兄の姿を見ているので、進路選択の重要性を「自分事」として考えやすかったこともあるでしょう。実は一時期、星稜高校以外への進学を考えていた節もあるのですが、兄を含め、周囲からもたらされる情報を吟味し、自分が生きるため、成功するために多角的に分析して進む道を決めたのです。

そういった物事を見定める能力の片鱗は、ガンバ大阪のジュニアユース時代から見せていました。当時、指導していたのは曽根純也教授です。曽根教授によると、練習の意図、目的をもっとも理解しているのはケイスケだったそうです。

身体はまだ細くて、走れない選手でした。試合にもあまり出場できませんでしたが、頭や心の中はずば抜けていました。

ジュニアユース時代、ケイスケは練習では中心から外れていましたが、私生活ではみんなの中心でした。同期の天才アキ（家長昭博）は別格の存在で、練習でも試合でも中心です。ケイスケは話術が巧みで人を引きつける魅力があり、有言実行するタイプでした。裏のキャプテン、リーダーだったのです。

ケイスケは小さなころから「お兄さん子」でした。中学時代の兄を指導していたのが、摂津第二中学校の田中章博先生です。田中先生によると、ケイスケはいつも兄の練習についてきていました。小学生ながら一緒に練習に加えてもらい、田中先生に、「今日の僕のプレーはどうでした？」と熱心に尋ねるのだそうです。田中先生曰く、ケイスケは、「自分大好き人間」で「背伸びの天才」です。

目標を達成するには、現状をよく把握しなければなりませんし、自己を高めていく意欲も欠かせません。そう考えると、ケイスケ少年の自分を客観視し、そこから成長しようとする貪欲な姿勢は理に適っていたと言えます。

ケイスケが星稜高校の練習に参加したときのこともよく覚えています。ガンバでは前例のない進学先ですから、サッカー部を預かる河崎護先生に丁寧にお願いしました。

「レギュラーではないのですが、技術的には高いものをもっています。身体が追いついていないだけです。参加させてもらえませんでしょうか？」

練習参加が終わって河崎先生に尋ねてみると、ケイスケはいきなり、

「星稜高校に入ったら、すぐに使ってくれますか？」

そう聞いてきたそうです。単刀直入なケイスケらしい話ですが、指導者によっては、「何を言っているんだ」となるでしょう。でも、河崎先生は違いました。

「石川の子どもたちにはないおもしろいキャラクターをもっている。ここまで明るく主張するのはすごい」

そう評価していただきました。当時の星稜高校には、のちにサガン鳥栖などで活躍するストライカーの豊田陽平ら能力の高い選手がいました。河崎先生は、そういった選手とケイスケとの相乗効果にも期待していたのだと思います。

ケイスケは高校1年生のときに高円宮杯全日本ユース選手権で準優勝し、キャプテンとなった高校3年生のときには全国高校サッカー選手権大会で4強入り。狙いどおり全国から注目される存在となり、プロの道を切り開きました。

河崎先生の優しさ、器の大きさは短所よりも長所に注目し、受け入れる姿勢です。

どんな選手も、長所を見つけて伸ばすことに注力していました。試合に出ることに飢えていたケイスケに出場機会を与え、真剣勝負できる実戦の場で能力を引き出していきました。その結果、ケイスケは日の丸も意識するようになったのです。

ケイスケが河崎先生の指導する星稜高校を選んだのは、運命の出会いだと思います。

父親と二人三脚でステップアップした鎌田大地

W杯カタール大会に出場し、ヨーロッパでも評価が高まっているダイチ（鎌田大地）は目標から逆算して自身を磨きました。

ユースに昇格できなかったのはケイスケ（本田圭佑）と一緒です。高体連の強豪（京都・東山高校）からJリーグのチーム（サガン鳥栖）を経て、ヨーロッパ（アイントラハト・フランクフルト）へ羽ばたくというステップアップの仕方も似通っています。

ケイスケの場合は3歳年上の兄の影響が色濃くありましたが、ダイチは前述した父親の幹雄さんと二人三脚で階段を上っていった印象があります。伝統校の大阪体育大学で高いレベルでサッカーを続けてきた幹雄さんは、確かな鑑識眼と幅広い人脈をもっていました。東山高校を率いる福重良一先生は幹雄さんの大学時代の1年後輩です。

ダイチは3歳で地元のキッズFCに入り、飯尾始監督の指導を受けるようになりますが、そこでも幹雄さんが、ダイチに合うチームをと、愛媛県内でいろいろと探しました。飯尾監督と鎌田家は家族ぐるみの付き合いになり、母親が録画したダイチのプレーを、本人と幹雄さん、飯尾監督で見て意見を言い合うこともあったそうです。

ガンバ大阪ジュニアユースでダイチと同学年だったチームメートのうち7人がJリーガーとなりました。高いレベルで競い合うなかで、ダイチは相次ぐけがなどもあって昇格を逃しました。ジュニア年代からガンバ大阪でプレーし、ジュニアユース時代にキャプテンを務めた選手に尋ねると、

「中学1年生のときにダイチのプレーを見て、すごいヤツが入ってきたと思いました。あの深い切り返しはわかっていてもとれません」

と言っていました。粒ぞろいのチームメートのなかでも、ダイチの高い技術は特別視されていたのです。ちなみに、この選手は現在、会社員として立派に働いていて、

ダイチの活躍が励みになっているそうです。

それだけに、昇格させてあげられなかったことに、私は申し訳ない思いも抱いていました。すべての選手に対して言えることですが、ジュニアユース年代の選手はたった半年、3カ月、昇格の可否を判断するタイミングが違うだけで、評価がまったく変わります。しかし、どこかで区切らないといけない。言い訳にすぎませんが、決定を下す時期が3カ月遅かったら、ダイチに対する結論も違っていたかもしれません。

しかも、昇格か否かを伝える際に使うのが「将来性」という抽象的な言葉です。「この子の将来性を見込んで……」「将来性から判断して……」といった言い方になるのですが、昇格できなかった本人や保護者からしたら「その将来性って何?」と思うでしょう。試合に出ているかどうかといった誰の目にも見える部分だけで判断するのなら、まだはっきりとしています。しかし、実際はそうではありません。説明するのは難しいのですが、将来性を測るポイントは、試合に出る出ない、ゴールを決める決めないといった表面的なものとは違います。長い期間、多くの選手を見てきている自負はありました。しかし、納得してもらうのは、なかなか難しいとも思っています。

近年は幹雄さんと一緒に会食をしたり、酒を酌み交わしたりしますが、ダイチがガンバ大阪のアカデミーに在籍していたときは、そのような親交はありませんでした。熱心に応援に来ているのは知っていましたが、私には昇格の可否を伝える役割があります。軽はずみなことは言えませんし、保護者から特定の選手をえこひいきしていると思われてもいけません。

選手のために骨を折ることはいといませんが、特定の選手や保護者と仲良くすることは避ける。こういう感覚は、常にもつように心がけていました。

ともあれ、ダイチの目標はＵＥＦＡチャンピオンズリーグで優勝するようなビッグクラブで中心選手として活躍することです。思いを現実的に抱いたのは、ジュニアユース時代にスペインのバルセロナに遠征したことがきっかけになっていると思います。私は引率の責任者でした。そこではＦＣバルセロナの同学年の選手と練習試合も行います。力量差もわかります。ダイチは口数の少ない少年でしたが、技術はあり、頭の中でポイントを整理するのも得意でした。

ダイチは同世代の「世界基準」を体感したことで、自分が成長するビッグピクチャー（全体像）を描けました。そこから、世界基準を追い求めていったと思います。

子どものころにキッズＦＣで学んだサッカーの楽しさが根底にあり、ガンバ大阪ジユニアユースで高い技術に磨きをかけ、東山高校で高体連特有の勝負にこだわる姿勢やチームスピリットを養いました。

高校からＪリーグに入る際はガンバ大阪も声をかけましたが、いちばん熱心に誘ってくれたサガン鳥栖に入り、１年目から活躍し、20歳で海を渡りました。

そして、２０２１—２０２２年シーズンにアイントラハト・フランクフルト（ドイツ）のＵＥＦＡヨーロッパリーグ優勝に貢献し、一気にブレークしました。

将来の目標に向かってその時々に何が必要かを考え、挫折を経験してもあきらめず、ベストパートナーの父親と二人三脚でステップアップの道を探したのがダイチです。

行動を起こすことで、堂安律は定めた目標に近づいた

リツ（堂安律）にヨーロッパで活躍する意識が生まれたのはいつだったでしょう。

彼はガンバ大阪のアカデミー時代、都合三度、スペイン・バルセロナに遠征してい

ます。ダイチ（鎌田大地）と同じく、このときも私が引率しました。

少なくとも、感受性の強い中学時代に、その遠征に加わった選手たちは、世界最高峰のヨーロッパサッカーが雲の上の存在ではなく、必死に努力すれば手の届くところにあるという思いをもつことができたと思います。

遠征ではＦＣバルセロナの練習場を見学し、本拠地のカンプ・ノウで試合も観戦します。ただ、それ以上に、世界的に有名なＦＣバルセロナのカンテラ（育成組織）に所属する同年代のチームと練習試合を行うことにこだわりました。

ＦＣバルセロナのカンテラには、世界中から有望なタレントが集められています。2022年のＷ杯カタール大会で優勝したアルゼンチン代表のリオネル・メッシや、ヴィッセル神戸でも華麗なプレーを披露した元スペイン代表のアンドレス・イニエスタもカンテラ育ちで、彼らのようになるかもしれない〝金の卵〟がそろっているのです。金の卵たちと試合で対戦してプレーを体感することで、レベルの違いや、追いつくためにやるべきことが見えてきます。

ガンバ大阪のアカデミーもＪリーグのなかでは屈指と言えるほど技術を重視していましたが、ＦＣバルセロナの選手たちは、さらにボールの扱いが丁寧で、プレーの質が高いのです。球際も激しいですし、ボールの置きどころ1つとっても、学ぶところがたくさんありました。

遠征費はクラブで全額負担できないので、各選手からも旅費の一部を出してもらいましたが、そのぶんだけの「心の土産」をもって帰ってほしいと思っていました。

リツは当時から親分肌の一面をもっていました。悪い意味ではありません。監督と選手のパイプ役を担っていたのです。

遠征中、FCバルセロナとの大事な練習試合を翌日に控えたタイミングで、練習前にボールに空気を入れ忘れたことがあり、鴨川幸司監督（現・ティアモ枚方アカデミーダイレクター）が全員に走る練習を命じました。ですが、リツは、

「明日は大事なFCバルセロナとの試合があります。日本に帰ってからちゃんと償いますから、今日の走る練習はやめていただけませんか」

そう鴨川監督に掛け合い、チームメートの思いを代弁したのです。目標を達成するために、はっきりと自分の意見を主張する。ある意味、ケイスケ（本田圭佑）と似通ったところがあると思います。

ケイスケと一緒で「ビッグマウス」と評されることもあるリツですが、「有言実行」

を貫いているのです。言ったからには、やらなければならない。リツもケイスケも、そういう思いで、意図的に発言しているのではないでしょうか。ある意味、やらなければならない状況に自分を追い込んでいるのです。

飛び級でトップチームに加わったリツは、19歳でＦＣフローニンゲン（オランダ）に移籍。当時のガンバ大阪の社長、山内隆司さんは当初、10代での渡欧を不安視していました。しかし、リツと1対1で面談し、こう考えを改め直したといいます。

「彼の強い覚悟にびっくりした。彼のヨーロッパで活躍したいという熱意をひしひしと感じ、応援したいと思うようになった」

リツは覚悟のある選手です。こうと決めたら、まず行動に移してみる。彼の目標設定力＝自己啓発力は「行動」と直結しています。動かなければ何も始まりません。行動を起こすことで現状に変化が生まれ、何かが得られるのです。

第1章で、私が小嶺忠敏先生から学んだこととして、「やらないで後悔するよりも、やって後悔したほうがいい」という姿勢を紹介しましたが、リツは、さらに踏み込んで、「どうせするのなら、熱意をもって全力でするべきだ」というマインド、考え方の持ち主です。何度も記したとおり、目標設定力＝自己啓発力は「常に目的をもち、自己を高めていくことができる力」のことです。

「目標」は「夢」から転換できることにもふれました。何もせず、ただ待っている、じっとしているだけで叶う夢は、ありません。リツが示したように、夢を叶えるには行動が大事なのです。

「行動」は「努力」と置き換えられるかもしれません。努力することによって夢、つまり目標が達成できるのです。そう考えると、目標設定力＝自己啓発力とは「夢と努力」を指していると言えます。

ガンバ大阪を退職後、私は各地の大学や企業で講義や講演を行ってきました。この章の初めに取り上げた甲南大学での公開講座もその1つです。

受講者がどんな方なのか、どんなテーマの講義や講演なのかによって伝える中身は変えるようにしますが、1つだけすべての講義、講演に通底していることがあります。それは「夢×努力＝幸せ」ということです。これは、私の揺るぎない信念でもあります。「夢」は「目標」、「努力」は「行動」と考えると、この目標設定力＝自己啓発力を高めることが、「幸せ」に近づく道のように思います。

二宮博×稲本潤一
徐々に目標設定を高くして世界へ羽ばたいた

稲本　ガンバ大阪のアカデミーは、サッカーをよりおもしろくしてくれた場所。より上を目指せる場所でした。毎日1時間半もかけて通い、おかしいですよね。でも、当時、まだセレッソ大阪はなく、あったらそっちに行っていたやろうな、自宅（大阪府堺市）はセレッソのほうが近いんで。ただ、今思えばいろんな縁も運も含め、ガンバで学び、人間的にも成長しましたね。

二宮　イナはアカデミーの飛び級第1号。ユースからトップへの飛び級昇格です。実はフロントからすると、それなりの条件を出して早く契約しないと、ほかに引き抜かれてしまうと心配する声もあった。海外ではなく、同じJリーグのチームを想定していました。そうなってもおかしくないほどの選手でした。

稲本　そうだったんですか⁉　当時のアカデミーはトップと違うサッカーでしたよね。本来なら一貫した指導が望ましいけど、将来への投資目的だったんですかね。その後、アカデミー出身者がトップに多くなり、僕にとってはありがたかった。先見の明があった結果なんかな。当時で覚えているのは、ひたすら止めて、蹴ることをやったこと。それこそ、数センチ単位でのボールの置きどころをずっと言われましたよ。

二宮　イナは「育成のガンバ大阪」の象徴。ガンバから海外に羽ばたいた第1号。いちばん成長するときに海外に行った。けがの可能性もある。リスクを負って行ったわけです。イナの成功例が、のちのアキ（家長昭博）、リツ（堂安律）につながりました。イナの背中を見てきた。

稲本　たまたま海外に出た最初であっただけ。その後に多く続いたのは、アカデミーがちゃんと積み重ねてきた歴史があるから。素晴らしい選手がたくさん出るのは、積み重ねの結果。

二宮　それでもイナは歴代のなかでも飛び抜けた存在。おそらく、目指すものはアカデミーにはなかったのでは？　もっと高い目標設定だったはず。だから、世界に目が向いたのでしょう。

稲本　ガンバで上を目指したい気持ちもありましたよ。自分1人ではできないけど、常にガンバを強くしたいと思ってプレーしていました。ただ、1999年にワールドユースに出て決勝まで行き、決勝で（優勝したスペインとの）レベル差が明らかだった。そのとき、どうすれば彼らに追いつけるやろって考えて、自分のなかでもう1つ上の設定に変えたんです。今ならその大会で活躍すれば、オファーがもらえるかもしれないけど、当時はそうではなかった。だから、五輪に出て、次はA代表に入って活躍して、海外に行こうって。1つひとつ自分ができることをクリアするという感じで、徐々に設定を高くしました。そのため、日頃の練習から常に100%出すようにしていました。それを試合に移す作業の繰り返し。そうすれば代表にも選ばれると思っていました。

二宮　同学年のハッシー（橋本英郎）が成長できた理由は、ジュニアユースに入ったときにイナの存在があったから。ライバルとはいいませんが、選手同士の出会いは大きいと感じました。今は、ハッシーもバン（播戸竜二）も現役を引退し、プレーし続けているのはイナだけ。

稲本　やっぱり楽しいから。それしかないです。トップのリーグでなくても楽しいと思える。そうなるとやめる理由がないんですよ。チームの力になれて、チームも自分を必要としてくれている。自分を必要としてくれるチームで、自分が楽しくできる。たぶん、それはサッカー選手にとっていちばん恵まれた環境だと思います。

第5章

主張力

＝

相手に自身の意見や考えを言える力

確固とした自分をもち、バランスを取った橋本英郎

ブラジル視察の際に、元日本代表FWの呂比須ワグナーさんにも会いました。帰化して日本代表入りを果たし、1998年W杯フランス大会の出場に大きく貢献したエースストライカーです。引退後は指導者の道を歩き、ガンバ大阪でヘッドコーチを務めたこともあります。現在はブラジルサッカー連盟で、指導者を目指す人たちのインストラクターをしています。

ブラジルのサンパウロ州で8人兄弟の末っ子として生まれた呂比須さんは18歳で来日し、日本サッカーリーグの日産自動車サッカー部に入りました。横浜F・マリノスの前身のチームです。

呂比須さんによると、当時の監督から言われたのは、①練習には遅刻せず、一生懸命に取り組むこと、②1年で日本語をマスターすること、③英語で質問するので、日本語で答えるようにすることの3点でした。

つまり、3つのうち2つが語学に関する事項だったのです。呂比須さんは1日8時間の猛勉強を自身に課し、日本語を習得したそうです。

外国人選手を獲得すると必ず通訳がつき日本語を話すことができなくても、まったく不自由を感じず生活できる現在のJリーグの環境とは、まるで違います。

しかし、サッカーという団体競技では、チームの戦術理解やチームメートとの連係を深めるうえで、何よりも適応力や対応力、コミュニケーション能力が必要なのは間違いのない事実です。

語学力＝コミュニケーション能力ではありませんが、チームメートや監督、コーチに自分の考えを明らかにし（＝主張力）、それを上手に伝え（＝コミュニケーション能力）、チームに自身を合わせていく（＝対応力、適応力）というトータルな能力は国内外を問わず、レベルの高い世界では必要不可欠です。

さらに言えば、自分の考えをファンやサポーター、社会に広く知ってもらう（＝発信力）ことも、プロフェッショナルの高いレベルでは問われます。

ハッシー（橋本英郎）は、それらの能力すべてを兼ね備えていた類まれな選手でした。

第2章では自身の前に常に立ちはだかっていた日本代表級ぞろいのレベルの高い選手たちを生かすことに徹し、そうすることで彼らの技を盗み、さまざまなポジションで自らを高めていくことに焦点を当てました。

この黒子に徹することをいとわず、誰とでも調和できる部分こそが、主張力やコミュニケーション能力、対応力、適応力の高さを示しているからです。

ユース時代、ハッシーは1997年に地元大阪を中心に開かれた「なみはや国体」（第52回国民体育大会）の少年男子の部に大阪選抜として出場します。チームメートには同学年のイナ（稲本潤一）やイバ（新井場徹）のほか、1学年下のオグリ（大黒将志）もいました。大阪選抜の15人中、過半数の8人がガンバ大阪ユースの選手でした。

いつもは飄々としているハッシーですが、国体で敗れたときには珍しく、ひどく悔しそうな素振りを見せました。アカデミーではイナやイバに差をつけられた地位に甘んじていましたが、国体選抜に選ばれて発奮していたのでしょう。芯は負けん気の強い選手なのです。

アカデミー時代は進学校の大阪・天王寺高校で勉強にも励んでいました。そして、ガンバ大阪で周りにいるのはイナやイバといった年代別日本代表で活躍する非常にレベルの高い選手たちです。ある意味、気が休まらないアカデミー生活だったのではないでしょうか。それでも、コツコツと継続できたのは、前述した負けん気の強さ、いつも穏やかに振る舞いながら、胸の内に燃えるような闘志を秘めていたからです。

適応力、対応力に優れている一方で、学習能力が高いハッシーには何人にも左右されない、マイペースさもありました。

オンとオフの切り替えもアカデミー時代からできていました。教育熱心な両親に育てられ、受験勉強にも取り組んだ彼はトップチームに昇格後も大阪市立大学に通いながら、プレーを続けました。

プロサッカー選手と大学生の「二足のわらじ」を履くのは大変だったと思います。それでも、黙々と勉強に励み、練習にも打ち込みました。2つの異なる世界を行ったり来たりする生活は、どちらか一方の影響が強すぎたり、チームメートや同級生にむやみに流されたりしていたら成り立たないものでしょう。そういう意味では、ハッシーには常に揺るぎない自分の存在が中心にありました。芯の強さで、どちらか一方に偏ってしまわないようにバランスを取っていたともいえます。

適応力や対応力というと、対象となるものにへりくだったり、迎合したりする姿を思い浮かべてしまいかねません。逆に主張力は、すべからく我を通そうとする頑なさを連想してしまいます。コミュニケーション能力は、何にでも口を挟もうとする性格を頭の中に描きがちです。

しかし、前述したとおり、いずれも本質は違います。ハッシーの適応力、対応力の裏側には、確固とした自身の存在がありました。主張力にしても、冷静に状況を分析し、自分の言葉に置き換えているので、説得力があったのです。トップチームに昇格後のことですが、彼の試合中の的確な状況判断により、ガンバ大阪は多くの白星を拾うことができました。そうして、チーム内での彼の発言力も増していきました。

チームメートだけでなく、コーチや監督、フロントスタッフの誰とでも屈託なく話せるコミュニケーション能力の高さは、アカデミー時代から折り紙つきです。

引退後の今も、Jリーグの動画配信サービスで解説者をしながら、大学の非常勤講師を務め、指導者の道も目指しています。現役時代にいくつものポジションを高いレベルでこなして「ミスター・ポリバレント」と呼ばれたハッシーは、ユニホームを脱いだあとも「相手に自身の意見や考えを正しく、はっきりと言うことができる力」を生かし、ポリバレントな存在であり続けています。

先輩にかわいがられ、後輩に頼りにされた堂安律

W杯カタール大会のスペイン戦でゴールを決めたリッツ（堂安律）は、「あそこは俺のコース」との発言でも世間の注目を浴びました。

その言葉だけを捉えると、主張力の強いエゴイスティックな選手に思われがちですが、リッツは適応力や対応力、コミュニケーション能力にも優れているのです。

ジュニアユース時代に鴨川幸司監督とチームメートのパイプ役をしていたことは前述しましたが、カタール大会に臨んだ日本代表のなかでも、ベテランと若手の橋渡し役、調整役をしていました。本人から聞いたのですが、彼は日本代表チームが滞在先の宿舎から試合会場や練習場へ向かうバスの中でかける音楽の選曲係を任されていました。

これが、簡単そうに見えて、なかなか難しかったのだそうです。最新のヒット曲ばかりをかけると、ベテランの選手から「そんな曲は知らない」と言われ、昔の曲すぎ

ると、若手から「古くさい」とあきれられます。

上手にバランスを取り、全員が納得して気持ちを1つにできる曲を選ばなければなりません。この〝ミッション〟をリツがそつなくこなしたことも、日本代表の相次ぐ強豪撃破の一助になったと言えるかもしれません。

ガンバ大阪のジュニアユースからユースに昇格し、飛び級でトップチーム入りしたリツですが、ずっと順風満帆なサッカー人生を送ってきたわけではありません。

小学4年生のときにセレッソ大阪アカデミーのセレクションを受け、落選しました。リツが生まれ育った兵庫県尼崎市はセレッソ大阪の前身のヤンマーディーゼルサッカー部が本拠地にしていた街で、もともとセレッソ大阪色が濃かったのです。

子どものころにいきなり挫折を味わいましたが、リツはその悔しさを糧に、技量を磨いたのです。小学6年生から中学に上がるタイミングでは、ガンバ大阪のほか、セレッソ大阪や名古屋グランパスエイトからも勧誘がありました。

両親によると、かつて自分を袖にしたセレッソ大阪に入る気はさらさらなく、すぐに断ったそうです。結局、自宅から通えることなどから、ガンバ大阪のジュニアユースを選んでくれました。

ガンバ大阪のジュニアユースはリツが中学2年生のときに、ＪＦＡプレミアカップ、日本クラブユースサッカー選手権（U－15）大会、全日本ユース（U－15）選手権大会の3大会で優勝を飾ります。史上初となるU－15年代全国3冠を達成したのです。

ヴィッセル神戸でプレーするリョウ（初瀬亮）ら1学年上の先輩たちに交じってプレーしたリツは、全日本ユース（U－15）選手権大会の決勝戦で2得点をマークするなど、2年生唯一の主力選手として活躍しました。そして、自身が3年生になったときには、親分肌の気質を表し、同級生や後輩たちを引っ張ったのです。

カタール大会後に大阪市内でリツの慰労会が開かれました。私も参加しましたが、アカデミー時代をリツと一緒に過ごした先輩や同学年の仲間、後輩たちが大勢集まりました。先輩にかわいがられ、同僚や後輩に頼りにされる。これが、リツの対応力・適応力・コミュニケーション能力＋発信力＝主張力をよく表しています。

ちなみに、その慰労会でリツは、

「二宮さん、いつも僕のことを良いように話してくれ、ありがとうございます」

と感謝の言葉をかけてくれました。どうやら両親を通じ、私が大学の講義や講演会などでリツの話題を取り上げていることを聞いていたようです。第1章で紹介したケイスケ（本田圭佑）やバン（播戸竜二）と同じように、リツも心配りのできる立派な大人になっていました。アカデミーに携わってきた甲斐があったというものです。

W杯カタール大会でもそうでしたが、リツは存在感のある選手です。途中出場であったとしても、ピッチに登場すると、スタジアムを包む雰囲気がガラッと変わります。もともと技術力の高い選手ですが、だんだんとプレーが力強くなりました。

起用されるポジションは指導者によって紆余曲折がありましたが、ボールをもったときのアイデアが豊富で、アカデミー時代から創造性あふれるプレーが得意でした。

ケイスケやダイチ（鎌田大地）はガンバ大阪のジュニアユースから高体連傘下の高校に進んで1年生から試合に出ることにより、自信をつけていきましたが、リツはガンバ大阪のジュニアユース、ユース時代の濃厚な人間関係を通じ、まるで高体連で育った選手のようなたくましさを身につけました。

そういう型に当てはまらないスケールの大きさは、リツの当意即妙な適応力や対応力、コミュニケーション能力によるものです。

「打てば響く」ような性格で、誰とでも打ち解けることができるオープンな心は、リツの大きな武器になっています。

自立心と冷静さで環境に適応した谷晃生

2023年シーズン、期限付き移籍先の湘南ベルマーレからガンバ大阪に4シーズンぶりに復帰したGKのコウセイ（谷晃生）は、大人びた選手です。

彼は、大阪府堺市出身で、両親ともにスポーツに理解がある家庭で育ちました。母親は実業団の元バレーボール選手、父親もかつては社会人野球で活躍する実業団チームの主力選手を応援していたそうです。

コウセイが中学1年生でガンバ大阪のジュニアユースに入ったときのことです。担当したスカウトにコウセイの特徴を尋ねると、

「父親と1対1でコミュニケーションが取れるんです。発言もしっかりとしていて、自立していますよ」

そう評していました。練習場へは毎日、母親が送り迎えしていました。練習場にコウセイを連れてきて、終わるまでずっと待っているのです。雨の日も、風の日も。自

身もアスリートだったからでしょうか。母親の熱心さはアカデミーで見てきた多くの保護者のなかでも際立っていました。

一方で、父親がコウセイの練習を見に来ることは、ほとんどありませんでした。悪い意味ではなく、これは、家庭内できちんと役割分担されていたのだと思います。

あるとき、父親に、

「家庭で息子さんにサッカーのことを話したりしますか?」

と尋ねました。父親から返ってきたのは、

「言えるわけがないでしょう。見ていないのですから」

との言葉でした。正論です。ただ、ほったらかしにしているわけではありません。ある意味、息子に全幅の信頼を置いているからこそ、言える言葉です。逆に言えば、父親が安心して自由にさせられるほど、コウセイは大人びていたのです。

こういう家庭環境で、コウセイは自立心を磨きました。自立するには、自分の思っていることを主張し、周囲ときちんとコミュニケーションを図り、環境に適応、対応していく必要があります。

コウセイはわからないことがあると、自分で調べるタイプです。何事も「自分事」

として考えることができます。ゴールマウスを守る最後の砦となるGKは、責任感を植えつけられるポジションですが、コウセイはとくにその気持ちが強いのです。

正GKとして活躍した2021年の東京五輪。準々決勝のニュージーランド戦は互いにスコアレスのまま延長戦でも決着がつかず、PK戦にもつれ込みました。コウセイは2人目のキックを止めるなど、抜群の読みと安定したセービングを披露し、チームを4強へと導きました。

高校1年生でトップチームに2種登録されたコウセイですが、2020年からの3シーズンは期限付き移籍した湘南ベルマーレで腕を磨きました。良い選択だったと思います。ガンバ大阪には2018年W杯ロシア大会日本代表のヒガシ（東口順昭）がいるからです。

当時のコウセイは20歳前後。この年齢の選手は、試合に出場することによって急速に成長するものです。出場機会を貪欲に求めるべきです。東京五輪に出場し、日本代表にも選出されたコウセイは、2023年に満を持してガンバ大阪に戻ってきました。

大阪府高槻市出身のヒガシもガンバ大阪のアカデミー出身です。ケイスケ（本田圭佑）やアキ（家長昭博）と同学年で、中学時代はGKとしては身長があまり高くなかったことなどから、ケイスケと同じようにジュニアユースからユースへの昇格を逃し、京都・洛南高校に進学しました。大学卒業後にアルビレックス新潟入りし、2013年オフに13年ぶりに中学時代を過ごしたガンバ大阪に復帰したのです。

コウセイとヒガシにとっては、厳しいポジション争いには違いないでしょう。しかしながら、極めてレベルの高い正GK競争がガンバ大阪アカデミー出身の2人によって繰り広げられていることに、ある種の満足感を覚えます。

天性の明るさと柔軟性で渡り歩いた安田理大

大人びているコウセイ（谷晃生）とはまったく違うキャラクターで対応力・適応力・コミュニケーション能力＋発信力＝主張力を発揮したのがミチ（安田理大）です。

1987年度生まれのいわゆる「調子乗り世代」。2007年のU－20W杯カナダ大会に出場し、明るいチームカラーで注目を集めた年代別日本代表のメンバーです。チームメートには2022年オフに引退した槙野智章さんや、解説者として活躍する内田篤人さんがいます。

ミチはガンバ大阪の本拠地である大阪府吹田市で育ち、家族も熱心なガンバ大阪サポーターでした。ジュニアからジュニアユース、ユースとガンバ大阪一筋で成長しました。文字どおりの「ガンバっ子」です。

トップチームに昇格したのは2006年。アカデミー時代はおもにトップ下でプレーしていましたが、トップチームを率いていた西野朗監督の薦めで左サイドバックにコンバートされ、才能が一気に開花しました。

テクニックを武器にしていましたので、サイドバックになるとは思っていませんでした。スピードや運動量の豊富さに気づき、サイドバックが適職だと見抜いた西野監督の慧眼には恐れ入ります。2008年には日本代表入りも果たしました。

このエピソードからもわかるとおり、ミチは与えられたポジションで勝負できる選手です。

ハッシー（橋本英郎）のユーティリティー性を紹介したところでも言及しましたが、当時のガンバ大阪には日本代表クラスのレベルの高い選手が大勢いました。レギュラー争いは熾烈です。ユースから昇格したばかりのミチが生き抜き、出場機会を得るには、どのポジションであろうともこなせる柔軟性が必要でした。カジ（加地亮）が故障したときには、右サイドバックを務めたこともあります。

トップチームで置かれた状況はある意味、ハッシーと似ていますが、異なるのは反応速度です。よく考えて言葉を口にするハッシーに対し、ミチは反応がとにかく速いのです。この差は性格の違いとしか言えません。

ともあれ、柔軟性がミチの適応力、対応力が表面化したものです。非常に闊達で、誰からも好かれる性格。弁も立ちます。自身の言動で、チーム全体を明るく、前向きにする雰囲気づくりにたけていました。試合後にサポーターやファンに来場のお礼をするときも、先陣を切って挨拶に行き、笑いを取ろうとするバイタリティーがありました。ユーモアのセンスがあって、物怖じしない性格です。チームの大黒柱となっていたヤット（遠藤保仁）とはとくに仲が良かったのを覚えています。

ミチは2011年にガンバ大阪からSBVフィテッセ（オランダ）に移籍。その後はJリーグのチームを渡り歩き、韓国の釜山アイパークでもプレーしました。2023年1月に現役引退を発表。ユニホームを脱いだあとはコンサルティングや人材紹介などの事業を行う会社に籍を置いています。天性の明るさがあり、スーパーマルチな才能をもつミチのこと、今後も何かをやってくれるのではないかと期待しています。

ちなみに、2歳年下の弟コーダイ（安田晃大）もジュニア、ジュニアユース、ユースを経てガンバ大阪のトップチームに昇格した「ガンバっ子」です。

パサータイプの選手で、年代別の日本代表にも選出されましたが、トップチームで出場機会をつかむことができずに移籍しました。2022年まで南葛SCでプレーし、2023年は南葛SCのアカデミーコーチとなっています。兄弟そろってガンバ大阪のアカデミーで育ち、トップチームのユニホームに袖を通した珍しいケースです。

こうしてみると、対応力・適応力・コミュニケーション能力＋発信力＝主張力は、非常に幅広い能力だと言えます。一方で、さまざまな「能力要素」のなかでも、プロのサッカーチームで選手として成功するにはとくに欠かせない能力になります。

ハッシーはぶれない心をもつことで、能力を自在に操りました。コウセイには何事にも動じない自立心と冷静さがありました。リツ（堂安律）やミチは持ち前の明るさや柔軟性を生かしてチームに溶け込みました。真逆のように見えますが、根はつながっています。

リツやミチにはアカデミー仕込みの揺るぎない技術の高さがありました。ハッシーやコウセイはチームメートから信頼される立ち居振る舞いができていました。

本章冒頭に登場した呂比須さんにしても、まじめに練習して日本語でコミュニケーションを取れれば、大活躍できるとの見立てがあったから、日本語習得を自身に厳しく課したのです。それが正解だったことは、呂比須さんが加わった日本代表が日本サッカー界の悲願だったW杯の扉を初めて開いたことにより、証明されました。

大切なのは、軸を大事にしつつ、環境に合わせるしなやかさをもつことです。こだわることは大切ですが、なんでもかんでも「こうでなければならない」と固執していたら、成長するのは難しいでしょう。狭量な考え方、マインドからは、スケールの大きな選手は生まれません。ある意味、おおらかさも必要です。

ここで、少し発信力について補足すると、ハッシーもリツもミチも、この能力に優れています。自分の考えや思いを広める術やノウハウをもっています。この章では扱いませんが、さまざまなメディアに登場しているバンや、一挙手一投足が話題となるケイスケの発信力はサッカー界でもトップクラスです。

自らの発信力を高めることによって、世界は大きく広がります。チーム→クラブ→

リーグ→日本→アジア→世界。視座の高さが変わり、見えてくる景色も違ってきます。全員に必要不可欠というわけではありませんが、身につけることによって大きな武器になり、引退後の人生にも影響を及ぼす能力です。

締めくくりに1つ質問します。プロサッカー選手に必要不可欠な対応力・適応力・コミュニケーション能力＋発信力＝主張力を養うものはなんでしょう？

私は、聞く力＝傾聴力（相手の話に真剣に耳を傾け、理解することができる力）だと思います。第6章でそのことについて記します。

二宮博×橋本英郎 味方がやらないことを分析して買って出る

橋本　ガンバ大阪のジュニアユースに入ったのが中学1年生。そのときに最大の挫折をしたんですよ。レベルが足りない。今までの考え方ではダメだと現実を突きつけられた。そこから、相手の言うことを聞くとか、上手な選手のプレーを盗むとか、まねをするとかを心がけました。中学2年生のときの監督には「プロは教えてもらうものではない」と言われました。中学3年生のときの指導者は現在、履正社高校で指導する平野直樹監督で、そのころ僕はFWでしたが平野さんもFW出身で、FWの考え方を教えてもらい、新しい発想を得られました。その時々で恩師に出会い、成長させてもらいました。

二宮　自分を知ることは、プロで活躍するには不可欠。ハッシーはいろんな指導者に巡り合い、その教えをきちんと理解し、納得し、勝利のために何を求められているか、何を期待されているのかがわかっていた。加えて、教えられる機会の少ない気配りや目配りができていたことが、長くプロとしてできた要因だと思います。中学1年生で挫折とのことですが、ガンバのアカデミー、なかでもジュニアユースはそうそうたるメンバーが集まってきます。びっくりするような選手と競争しなければならない。自信をもって入ってきたら、とてつもない選手がいるわけです。そのなかでもまれる経験がのちのち生きてきます。

橋本　いや、本当にレベルは高かったですよ。僕は大阪市選抜にも入ったことがなく、2回戦敗退レベルのチームでした。キャプテンでエースやからいけるやろと思ってガンバに入ったら、別次元の選手がいた。U－12日本代表のエースでキャプテンがいたんです。「なんで高校生がおるんや」と思ったら、同学年でした。そこにはイナ（稲本潤一）も隠れていた。そのイナよりもすごい選手がいたんですよ。そういうスタート。プロになるのは、こんなレベルじゃないと無理なんやと思い、何を甘いこと言っていたんやという気持ちになった。もうそこから「プロになる」なんて、口が裂けても言えないですよ。

二宮　ハッシーはそういう強力な才能たちと一緒にやることで、対応力や適応力、コミュニケーション能力を磨いてきました。ハッシーの賢さが表れている。単純に対抗心を燃やすのではなく、うまく自分のプラスになるように彼らの能力を盗み、学ぶことでプロになった。

橋本　そのとおりです。衝撃を受ける相手って、みんないると思うんです。僕がラッキーだったのは、プロの基準がイングランドで無敗優勝するアーセナルに呼ばれたイナだったんです。22歳のときにW杯日韓大会で活躍する選手が中学1年生から一緒だったのは、普通のプロが基準じゃなかった。日本代表入りして海外に行く選手が基準だったんです。彼がいなくなったあとはヤット（遠藤保仁）で、また同学年。ヤット相手ならいけるんちゃうかと思いながら頑張ったんです。勝てなかったけど、彼は日本代表でもっとも試合に出る選手で、今度は彼が基準でした。彼と切磋琢磨していたら、勝手に日本代表のレベルに達していました。それは本当についている。ほかのチームで自分よりうまいと思う選手が代表クラスではなければ、そこに追いついて終わっていたかもしれません。高いレベルを求める選手が周りにいたから、僕はずっと上を見ながらやってこれた。自分が絶対に勘違いできない環境。自分よりいい選手がいる環境で、ずっとやってきたことが大きかったです。

二宮　当時のトップは代表級がそろっていた。

でもハッシーの評価は高かった。言い方は悪いかもしれませんが、指導者受けしていました。

橋本　でも、昇格したころに当時の強化部長から「器用貧乏」と言われました。いろんなポジションができるけど、明確に1つのポジションができたり、何か一芸に秀でていたりするわけでもない。どうやって生き残るかという問題を抱え、コーチと話すなかで「ポジショニングというのはどうだ」という話になりました。足が速いとか、テクニックが優れているとか、ヘディングが強いとか、身体能力が高いとかじゃなく、目に見えにくいけれど、ポジショニングというのも一芸としてある、ということを教えてもらいました。当時は柏レイソルでプレーしていたミョウさん（明神智和）を見習ってみたらと言われました。身体のサイズ的にも僕と一緒くらい。そこからポジショニングをすごく意識してプレーするようになりましたね。あとは、ボランチのパートナーがヤットで、彼がチームの中心になっていくなかで、彼がやらないことを自分がやればいいんちゃうかと思った。それが守備的な部分でした。彼は攻撃的な部分が得意。逆に僕は守備のところで相手が嫌がるところ、そういうことを買って出ることで、チームのバランスが取れると思いました。僕はそこを、ミョウさんのポジショニングを基準に置いてプレーしていましたね。汗かき役だったり、ポリバレントだったり、その後、いろんな表現が出てきましたが、そういう役割を自分がすればいいと思うようになりました。もともとは攻撃的な選手でしたが、守備の要素にフォーカスし、ボールを奪うところをトレーニングしていきました。それがはまった。「スキマ産業」を見つけ、うまくいったんです。

第6章

傾聴力
＝
相手の話に真剣に
耳を傾け、
理解できる力

スピード感を大事に行動に移した**本田圭佑**

温暖な愛媛県西予市で生まれ育った私は、8人兄弟の末っ子でした。両親が営んでいたのは青果業です。サッカーよりも野球が盛んな土地柄で、小学生時代は近所の少し年の離れたお兄さんとよくキャッチボールをしました。それが実は、高校野球の名将として知られる高知・明徳義塾高校の馬淵史郎監督でした。「野球をやったらどうだ?」とよく誘われたものです。

しかし、私は兄が先にプレーしていたこともあって、サッカーに魅力を感じました。中学、高校とサッカー部に所属。地元の三瓶高校(現・宇和高校三瓶分校)時代に監督をしていた旧姓・藤原(佐山)彰博先生が、私の大切な恩師の1人です。藤原先生は大学を卒業したばかりの新任教員でしたが、私にとってはサッカーの競技歴がある指導者に本格的に教えてもらうのは人生で初めての経験でした。バン(播戸竜二)と兵庫・琴丘高校の樽本直記先生との関係と少し似ているでしょうか。

まだ若くて技術の高い藤原先生はよく私たち高校生に交じってボールを蹴っていました。実技指導のできる指導者だったのです。当時の私は「最高の教科書」と言える存在、藤原先生の一言一句を聞き漏らすまいと必死でした。聞くことすべてが興味深く、先生宅にもよくお邪魔しました。当時、藤原先生は結婚したばかりでしたが、嫌な顔一つせず、新婚家庭に私を受け入れてくれました。

学ぶこととは、尊敬できる先達の言葉を真剣に聞くことです。私は藤原先生と親しく接していくうちに、大学に進学してもサッカーを続け、いずれは藤原先生のような教員になって子どもたちにサッカーを教えたいと思うようになったのです。

藤原先生の薦めもあって愛知・中京大学に進んだ私は、そこで全国から集まってきたチームメートたちのプレーに舌を巻きます。名だたる強豪校から来た選手はやはり違うなと思っていたら、実はその選手がレギュラーではなかったということもありました。レベルの差を痛感しました。どうしたら彼らみたいに上手になれるのかを探っていくうちに、指導者の道を本格的に目指すことになったのです。

大学卒業後、故郷に戻って中学校の保健体育の教師となりましたが、当時の私の指導は自身の経験に基づいたものでしかありませんでした。基本は「自分がこうだったから、こうしたらいいだろう」と類推しながら教えていたのです。

ただ、自分なりに工夫はしていました。向上心をもって取り組むうちに、愛媛県サッカー協会の推薦もあり、最先端の指導法を学ぶ機会が巡ってきました。受講した日本サッカー協会の指導者講習講座が、ガンバ大阪に転職するきっかけになったのです。

翌年にJリーグが開幕するタイミングで、全国でサッカー熱が盛り上がっていました。日本サッカー協会もプロのチームや選手を対象にした「公認S級コーチ」のライセンスを独自に創設し、きちんとした資格をもった指導者を育てようとしていました。

私はまずB級コーチの養成講座に参加したのですが、そこで、Jリーグ参入を目指すクラブなどで実際に活動している多くの指導者と知り合うことができたのです。

鹿島アントラーズの礎を築いた鈴木満さん、セレッソ大阪の前身のヤンマーディーゼルサッカー部でプレーし、のちにガンバ大阪で一緒に働くことになる西村昭宏さんら、養成講座の同期はそうそうたるメンバーでした。

実は、ケイスケ（本田圭佑）を快く受け入れてもらった石川・星稜高校の河崎護先生も、養成講座の同期です。星稜高校への進学は前例がなかったことは前述しましたが、こういったところにも縁があったのだと思いました。

そんなケイスケですが、彼の聞く力、傾聴力はずば抜けていました。

小学生時代は兄が通っていた摂津第二中学校の田中章博先生に、「今日の僕のプレーはどうでした?」としつこいくらいに尋ね、中学時代のガンバ大阪ジュニアユースの曽根氏には、練習の意図、目的を誰よりも理解していることを絶賛され、高校時代のミーティングでは常に河崎先生の目の前の席に座って話を聞き続けました。

ケイスケは子どものころからずっと「全身を耳にして聞く」素養を身につけていたのです。

ケイスケの場合は、ただ聞くだけではなく、学んだことを実践に移す行動力がともなっていました。聞いて新しい技を覚え、聞いて反省点を改める。

ジュニアユース時代、その日のうちに伝えておくべき連絡事項ができ、夕方の練習が終わってケイスケが帰宅したタイミングを見計らって自宅に電話をかけると、いないことがよくあったそうです。近所の公園などで夜遅くまで、教わったことを反復練習していたのです。

聞く力＝傾聴力は、学んだことを行動に移す実行力とセットでないと、意味がありません。いつ行動に移すかも大切です。「鉄は熱いうちに打て」といいますが、ケイスケはすぐに行動していました。いくら自身に有益なことを聞いても、放っておいたら進歩はありませんし、行動に移すまでに時間があきすぎると、記憶があいまいになったり、熱意が薄れたりしてしまいがちです。ケイスケは「スピード感」を大事にしていたのです。現在、実業家として活躍できているのもわかる気がします。〝生き馬の目を抜く〟ような競争の激しいビジネスの世界では、思い立ったら即行動に移すのは鉄則のように思います。

田中先生は現在、ケイスケがプロデュースしたサッカースクール「ソルティーロ大阪ＦＣ」の運営に携わり、星稜高校を退いた河崎先生も石川県のサッカー発展に尽力しています。２人とも、ケイスケと頻繁にやり取りする関係が続いているのです。

驚かされるのは、ケイスケのレスポンス（返信）の素早さです。各国を飛び回って多忙を極めているはずなのに、ほとんど間を置かずに返信があるそうです。

「話を聞いて納得すれば、すぐさま実行に移す」というケイスケの行動原理は、子どものころから何ら変わっていないようです。

親身な叱咤激励に自身を見つめ直した堂安律

ガンバ大阪のジュニアユースからユースを経て「飛び級」でトップチームに昇格したリツ（堂安律）も、聞いたらすぐに行動を起こす選手です。

彼は2015年、高校2年生で2種登録され、2016年の高校3年時に17歳でトップチームに昇格しました。しかし、トップチームで思うように出場機会を得られず、伸び悩んだ時期があります。

リツはどちらかといえば攻撃型の選手なので、2014年度にJ1リーグ戦とJリーグヤマザキナビスコカップ（現・YBCルヴァンカップ）、天皇杯全日本サッカー選手権の3冠を達成した長谷川健太監督の手堅い戦術とマッチしにくかった側面もあると思います。昇格1年目は結局、J3に参戦していたガンバ大阪U－23が主戦場となりました。

U－23を率いていたのが、ガンバ大阪のOBで、現在は大阪学院大学で指揮を執る實好礼忠監督です。実は同郷の愛媛県出身であるサネ（實好礼忠）は、私がガンバ大阪のスカウトになって初めて獲得した選手です。

愛媛・南宇和高校時代に第68回全国高校サッカー選手権大会で優勝したサネは立命館大学に進学し、ユニバーシアード日本代表に選出されるなど大学サッカー界のトップ選手として活躍していたDFです。当時のガンバ大阪は即戦力のDFが最大の補強ポイント。うってつけの人材でした。スカウト1年生の私は、練習場に足しげく通い、実家にも挨拶にうかがって、なんとか口説くことに成功したのです。

1995年にガンバ大阪に入団したサネは1年目からレギュラーポジションを獲得し、堅実なプレーでガンバ大阪の守備を支えました。2005年の初タイトルにも貢献。2007年までガンバ大阪一筋でプレーし、引退後は指導者の道に進みました。ガンバ大阪のアカデミーやトップチームのコーチを歴任し、前述のU－23を率いたあとは、京都サンガや愛媛FCの監督も務めました。温厚でまじめな性格で、多くの若い選手から慕われました。

リツもサネの真摯な指導に救われた1人です。当時のリツはトップチームでの出場が叶わず、日々の練習への熱意が少し下がっていました。発足したばかりのU－23の位置づけがあいまいで、環境がまだ完全には整っていなかったせいもあるでしょう。

リツのどこかやる気がないような態度や心の変化を見抜き、サネは叱咤激励しました。「トップチームで活躍できる選手になれ」というサネの真っ直ぐな言葉に耳を傾け、態度を見直したリツは、本来のがむしゃらに練習に取り組む姿勢を取り戻したのです。

リツは２０１６年10月にバーレーンで開かれたＵ－19アジア選手権でチームを優勝に導いて大会最優秀選手に選ばれ、翌年５～６月に韓国で開催されたＵ－20Ｗ杯に出場。６月下旬にはＦＣフローニンゲン（オランダ）に期限付きで移籍することが決まりました。まるで点火されたロケットのような勢いで、ステップアップの階段を一気に駆け上がったのです。もともとの素質があったにせよ、持ち前の向上心が停滞していたリツの心に再び火をつけたのが、サネなのです。

リツの聞く力＝傾聴力は、サネが親身になって指導してくれていることを感じ取った「感受性」です。リツのＪ１リーグ戦の出場は２種登録時代を含め、３シーズンでわずか15試合だけ。サネの言葉がリツの心に刺さり、海外に飛躍するまでのすさまじい成長ぶりがうかがえます。

ちなみに、ガンバ大阪のＵ－23はＪクラブのセカンドチーム（Ｕ－23チーム）のＪ

3参戦が認められたことにともなって創設され、2016年から2020年まで活動しました。前述しましたが、この年齢は試合に出場して経験を積むことが重要です。賛否はありますが、画期的な取り組みだと思います。

そして、サネのあとを受け継いでU－23の監督となったのがツネ（宮本恒靖）でした。ツネがトップチームの監督となると、アカデミーを指導していたサネが再登板しました。ガンバ大阪がJリーグの最優秀育成クラブ賞を受賞したのが2016年。当時のガンバ大阪は指導者も豊富で多彩だったのです。

家族のアドバイス、助言を吸収した嵜本晋輔

2021年1月、私は27年間お世話になったガンバ大阪を離れました。転職先は私がスカウト時代にガンバ大阪に勧誘した元Jリーガーの嵜本晋輔氏が経営するバリュエンスホールディングスです。

大阪府堺市出身の嵜本社長は大阪・関西大学第一高校から2001年にガンバ大阪に加入しました。テクニックは高かったのですが、細身で、プロでは3年間で4試合にしか出場できませんでした。21歳だった2003年シーズン限りで戦力外通告を受け、2004年はアマチュアの日本フットボールリーグ（JFL）に所属していた佐川急便大阪サッカークラブでプレー。しかし、そこで自身の人生に疑問を感じて父親や兄弟が営んでいた家電製品などのリサイクル業を手伝うことになります。

家業に専念するなかで経営のノウハウを学び、工夫を重ね、ブランド品のリユースや洋菓子店の開業なども手掛けて事業を拡大しました。バリュエンスホールディングスの前身のSOUを2018年に東京証券取引所マザーズに株式上場させ、元Jリーガー初の上場企業社長となった気鋭のビジネスマンです。セレッソ大阪や川崎フロンターレで活躍し、J1通算最多得点記録をもつ大久保嘉人さんと同学年。嵜本社長が通っていた大阪・白鷺中学の内田圭紀先生と、大久保さんの母校、長崎・国見中学の指導者とが親交があり、定期的に練習試合をしていたそうです。

ともあれ、ずっとサッカー界で生きてきた私は新たな挑戦がしたくて、嵜本社長が経営するバリュエンスホールディングスに転職しました。

まったく新しい環境、まったく新しい職場で、これまでとは異なるジャンルの人たちとお会いできる。人脈も広がりました。新天地は刺激に満ちています。素晴らしい会社で働かせてもらっていると日々、感謝しています。

私の肩書は社長室シニアスペシャリストです。寄本社長直属のポジションで、何かあると、さまざまな相談をしています。社員の立場で社長を評するのは腰が引けますが、寄本社長はいつも穏やかで、相手の話をかみしめるように聞き、頭の中できちんと整理してから回答を出すタイプです。声を荒らげるようなことは一度もありません。

陳腐な表現になってしまいますが、人間ができているのです。

サッカー一筋の人生で成功をつかむことができなかった寄本社長が、実業界へと入っていくうえで大きかったのは、家族の存在です。

最初はまったくの素人でしたが、リサイクル業を手伝い、父親や兄弟のアドバイスに耳を傾け、会社経営に必要なことを吸収していきました。さらに、ブランド品の買い取りなどをメインにした形態に事業を転換、拡大していくときにも、顧客の声を参考にして、顧客満足度を高めるさまざまなアイデアを生み出してきました。

寄本社長は「小学3年生から22歳までサッカーを続けてきて、このチームスポーツから得られたことが、自身の経営にもかなり生かされている部分がある」と言います。特有の聞く力＝傾聴力も、その1つです。聞く力、傾聴力が必要不可欠なのは、サッカー選手に限った話ではありません。社会人として生きていくうえでも、大切な能力になります。

嵜本社長とはふだんからよく話すのですが、60分会話したらそのうち55分は私がしゃべっているような感じです。嵜本社長には、相手に語らせる雰囲気があるのです。

私が大学などで講演活動することも快くOKしてもらっていますし、そこでバリュエンスホールディングスが取り上げられることも喜んでもらっています。私の講演がメディアなどで紹介されると「良い記事でしたね」と反応があります。それも、私が仕事をする励みとなっています。

嵜本社長およびバリュエンスホールディングスは関東1部リーグの南葛SCの経営にも参画しています。南葛SCは世界的に有名な人気サッカー漫画「キャプテン翼」の主人公、大空翼が小学生時代に所属したチームと同じ名前で、漫画の作者の高橋陽一先生が代表を務めるクラブです。

知名度は抜群と言っていいでしょう。嵜本社長は「正直、最初はJ1、J2クラブの経営に関わる視点でしか見られていなかった」と言いますが、親交のあるオグリ（大黒将志）からのアドバイスもあり「知れば知るほど唯一無二の価値、ポテンシャルがあると思うようになった」と評しています。

将来的にはJリーグ参入を目指しており、2023年のチームにはイナ（稲本潤一）やコンちゃん（今野泰幸）、タクミ（下平匠）らガンバ大阪のOBも在籍しています。指揮官もガンバ大阪ユースの1期生で、ツネ（宮本恒靖）と同学年の高木健旨監督が務めています。高木監督はガンバ大阪のトップチームではけがなどもあってなかなか活躍できませんでしたが、創造性あふれる選手でした。私も南葛SCのためにできることを何かお手伝いできればと考えています。

ともあれ、私は「人間力」を養うにはアカデミーや学校だけではなく、家庭での教育もかなり大事だと考えています。

ケイスケ、リツ、嵜本社長の聞く力＝傾聴力はそれぞれの家庭で、子どものころから養われたものです。「人の話を真剣に聞く」というのは簡単そうに見えて、身につけさせるのはなかなか難しいものです。10年間、中学校の教師をしていたので、よくわかります。教えていて「馬耳東風だな」と思ったことは何度となくあります。3人は家庭を中心に、そうさせないためのしつけ、学習の基本ができていたのでしょう。

3人には頼りになる兄がいた点も共通しています。ケイスケが東京・帝京高校にいた兄から情報を得るなどして石川・星稜高校に進学した話は第4章に記しました。

リツは3人兄弟の末っ子で、次男の堂安憂さんもAC長野パルセイロでプレーした元プロサッカー選手です。現在は尼崎市にある大規模商業施設の屋上に専用のフットサルコートを設け、サッカースクール「NEXT10 FOOTBALL LAB」をリツと共同運営しています。仲の良い兄弟で、両親と話をしていても兄弟そろってあんなことをしたとか、こんなことをしようとしているとかといった話がよく出てきます。

嵜本社長も3人兄弟の末っ子です。実兄の2人も会社を経営しています。関西で人気のチーズタルトの専門店をチェーン展開するなど精力的に事業をしています。兄たちと幼少期を過ごすなかで、彼らの聞く力、傾聴力は磨かれていったのでしょう。

ケイスケは家庭に加え、小学生時代に接した摂津第二中学校の田中章博先生の存在も大きく影響しています。聞きたがりのケイスケに丁寧に真摯に対応することで、「聞けば何かが得られる」という成功体験が身体に染み込んでいったはずです。

私はJリーグクラブのアカデミーは「心・技・体」を教える場だと思っています。

「知育」「体育」「徳育」です。とくに、心身ともに成長期の中学年代はサッカー以外の教育にも力を入れるべきです。

サッカーのテクニックを教えるだけであれば、それは「塾」です。アカデミーは「育成組織」なのですから、預かった選手がたとえプロサッカー選手になれなくても、立派な大人となり、社会で生きていけるよう、教育するべきです。

プロサッカー選手になれるのはほんの一握りです。プロになっても、ならなくても、社会に出てから活躍できる人間になってほしい。また、夢を叶えてプロになったとしても、現役で活躍できる期間は限られています。引退してからあとの人生のほうがはるかに長いのです。そこでも活躍できる社会性、常識を身につけてほしいと思っています。

ただ、アカデミーでできることには限りがあります。ですので、家庭での教育が大切となるのです。家庭とアカデミーがタッグを組んで二人三脚で支えることで、選手は大きく成長していきます。

家庭生活で植えつけられた聞く力＝傾聴力とサッカーの現場、ビジネスの社会で大切となる行動力が融合して、ケイスケもリツも嵜本社長も、自己を高めていきました。

章の冒頭で、私の大切な恩師の1人である藤原彰博先生の話を紹介し、「学ぶことは、尊敬できる先達の言葉を真剣に聞くこと」と記しました。

尊敬できる先達は指導者だけではありません。両親であったり、兄弟であったり、アカデミーの先輩であったり、人によってそれぞれです。先達が年下の後輩のこともあります。先達と年齢は関係ありません。実際、私はケイスケや嵜本社長の言葉から多くのことを学んでいます。

ただ、1つ言えるのは、尊敬の念をもたないと、耳に入ってくる言葉を素直に受け取ることはできません。自分とは関係ない「他人事」の空疎な言葉に聞こえるだけです。軽く聞き流してしまえば、学びはゼロです。

尊敬の念をもつことは、感謝の気持ちにつながります。第7章では、愛・感謝・忠誠心＝支援力について紹介します。

二宮博×嵜本晋輔
まねる、学ぶというステップを意識して話を聞く

嵜本　僕はガンバ大阪に入り、戦力外通告を受け、そのタイミングがターニングポイントだった。だからこそ、今がある。何の悔いもないですし、本当に最高の人生を歩めています。

二宮　本文にも記しましたが、嵜本社長と会話すると、私が99％話している状態になります。Jリーグのアンケートだと、プロとして成功している「人間力」のベスト10の1位が傾聴力。嵜本社長がプロになり、ビジネスで成功しているのは、この傾聴力が影響しています。もちろん、ほかにもたくさんの要因はありますが。

嵜本　自分よりも優秀な人、各界で活躍する人、父も、兄たちもそう。僕よりも経験があって優秀という人たちの話を聞くことで、自分が成長できると思っています。それには立場は関係ありません。たとえば、今の10代、20代は僕にない感覚、価値観をもっていて、彼らの考え方とか価値観に耳を傾けてキャッチアップし、それを自分のものにする。まねる、学ぶみたいなステップで話を聞くことが重要ですね。ずっとその感覚で生き続けてきたし、今もそのスタンスは変えていません。だから、そこを二宮さんが見てくれているのはありがたいですし、うれしいです。僕がいちばん大切にする考え方とか価値観が、人の話にちゃんと耳を傾けること。ただ聞くだけではなく、相手の立場に立って話を聞くことが傾聴だと思います。

二宮　両親をはじめとした家族の影響もありますが、いろいろな人の話を聞いて成長につなげるのは、なかなかできないことです。

嵜本　新入社員や中途採用の社員には、「限界をつくるな」と訓示しています。無意識に自分はこんなもの、これはこうあらねばといった定義づけをすることで、自分の可能性にふたをし

てしまっている人がすごく多い。僕がリユース業界で成長できた理由を考えると、自分の可能性を自分自身で広げ続けたからだと思います。自分はもっとできると、ポジティブな面にフォーカスし、矢印を向けてきました。身の丈とかという考え方ではなく、自分の現状はこんなレベルだけど、高い理想を掲げ、その理想を広げ、現在地とのギャップを把握して、常に自分の限界を定めず、むしろ可能性にフォーカスするほうがいい。確実なものより、可能性を取りにいったんです。多くの人は目の前の成果を望み、確実なほうを選択しがちです。しかし、確実なものからは、そんなに多くのものが返ってきません。一方で、可能性にフォーカスすれば、返ってくるまでに時間はかかるかもしれませんが、いつか大きなリターンが得られるはずです。10代とかの若い選手でいうと、自分はこうだとか、これじゃなければ力を発揮できないというのは損。自分の武器が何であるかを把握する必要もあると思いますが、たとえば右サイドが得意だとか言っていると、右サイドしかできないという言葉が頭に浮かんだ瞬間に、自分の可能性は右サイド以外になくなります。やはり思考の癖とか、言葉の扱い方とか、そのあたりを幼少期から訓練していかなければと思います。そうすれば、自分の可能性はどんどん広がる気がします。僕が当時からできていたかというと、そうではありません。しかし、矢印をどこに向けるかが自分の可能性を開花させた要因になると思うので、若く才能あふれる子どもたちは、とにかく自分の可能性にフォーカスして生きてもらいたいと思います。

二宮　そういった思考になったのは、ガンバ大阪時代の経験が生きていますか？

嵜本　そうですね。人って都合の悪いことが起こったときに、逃げに走りがちだし、他責になりがちです。それをガンバで学べて、これからは自責で生きると決めました。元サッカー選手という枕詞もなくして、可能性にフォーカスし始めたきっかけになりました。

二宮　とはいえ、ご自身の著書にも書いてありますが、嵜本社長が洋菓子店の経営を始めたときに、最初のお客さんがガンバのサポーターだったと。元サッカー選手という肩書きがつくった縁です。そういうつながりも大切にして、大きなウエートを占めていますよね。

嵜本　その大切さはのちに気がつき、反省しました。サポーターとかファンの方って結構熱狂的で、毎日練習を見に来てくれるんです。練習内容もそんなに変わらないと思うんですが。つまり僕に会いに来てくれるサポーター、ファンがいて、毎日のように僕の写真を撮るんです。何の変化もないはずです。でも、毎日撮ってくれる。そういうことに対して、感謝ではなく、少しネガティブな感情を抱いた時期もありました。でも、戦力外通告を受けてケーキ屋を始め、初めて来ていただいたお客さんが当時のサポーター、ファンだったわけです。その瞬間に反省でしたね。サッカー選手としての嵜本ではなく、次のキャリアも応援してくれる。その体験は、本当に僕の人生を改めるきっかけになりましたね。そして、そのサポーターやファンが口コミで広げてくれて、その方以外のサポーターも来てくれました。ガンバ大阪の試合会場周辺でキッチンカーを出したりもしたのですが、そこにも大勢のサポーターやファンに来てもらえました。サッカー選手の次のキャリアをみなさんが購入というかたちで応援してくれたんです。

第7章

支援力

＝

自己を犠牲にして
他人や集団をサポートし、
助けられる力

宇佐美貴史が「ガンバ大阪の至宝」と呼ばれた理由

ガンバ大阪を60歳の定年を前に退職し、バリュエンスホールディングスで働くようになった私は日々、感謝の気持ちを忘れないように心がけています。

「なんていい会社なんだろう」「なんて素晴らしいオフィスだろう」。毎朝、出勤すると必ず、そういう気持ちになってから、その日の仕事に取りかかります。すると、仕事がものすごくはかどるのです。

逆に「つまらない」「おもしろくない」「やりたくない」といったネガティブな考えだったらどうでしょう。おそらく、何もうまくいきません。サッカーにも同じことがいえます。感謝の気持ちは自身をポジティブかつ、前向きにするパワーがあるのです。

感謝の対象は人それぞれでしょう。自身を育て、温かく見守ってくれた両親や家族、サッカーのおもしろさを教えてくれた監督やコーチ、出場機会を与えてくれたり、海外に送り出したりしてくれたクラブ。妻、子ども、ファン、サポーター……。

自身の今の姿を冷静に振り返ってみてください。誰のおかげで「今の姿」があるのか。そのときに生まれてくるのが、愛・感謝・忠誠心＝支援力です。

最近、講演などで紹介する名言があります。プロ野球の読売ジャイアンツやアメリカ大リーグで活躍した松井秀喜さんが座右の銘にしているアメリカの哲学者であり心理学者のウィリアム・ジェームズさんの言葉です。

「心が変われば行動が変わる。行動が変われば習慣が変わる。習慣が変われば人格が変わる。人格が変われば運命が変わる」

つまり、運命を変えるのは、心なのです。そして心を前向きにする力となるのは、感謝の気持ちだと思います。ちなみに、松井さんはケイスケ（本田圭佑）と同じ石川・星稜高校の出身。そんなところにも不思議な縁を感じます。

さて、愛や感謝、忠誠心にあふれていると感じる選手の1人は、タカシ（宇佐美貴史）です。子どものころから卓越した能力をもち「ガンバ大阪の至宝」と呼ばれてきました。なぜ「至宝」なのでしょうか。本人の技量ももちろんあります。しかし、それ以上に私を含めた多くの関係者が能力にほれ込み、いずれはガンバ大阪のエースになってほしいと情熱を注いだ選手だからです。

アカデミー時代には彼のドリブル能力を生かすための〝宇佐美ルール〟ができ、10代で世界屈指のバイエルン・ミュンヘン（ドイツ）への移籍を果たしました。

多くの人に支えられ、育った経緯を自身もよくわかっているからでしょう。タカシはガンバ大阪のファン、サポーターをものすごく大事にします。ファンサービスでは、タカシ一人ひとりと丁寧に応対する姿を何度も見かけました。本当に義理と人情に厚い選手です。もともと家族ぐるみでガンバ大阪を応援していましたが、支えられ、励まされた経験がさらにガンバ大阪への愛、忠誠心を深めました。

二度の海外挑戦を経て2018年のW杯ロシア大会に出場したタカシには帰国時に、国内の別クラブからも高額なオファーがあったそうです。それでも、自身を育ててくれたガンバ大阪に戻ってくることを優先しました。

2023年はヤット（遠藤保仁）が長年つけていた背番号7を受け継ぎ、キャプテンも任されました。若いころは少々やんちゃで個人主義なところもありましたが、年齢とともにチームのなかでの役割も変わりました。敗戦後にゴール裏のファン、サポーターと真摯に向き合い、叱咤激励の声に目を潤ませる様子も話題となりました。

以前から、自分がチームを背負っているという意識の強い選手でしたが、それがプレーだけではなくなったのです。言葉の端々にも責任感が表れるようになりました。ツネ（宮本恒靖）→ヤットと受け継がれてきたガンバ大阪のフィロソフィー（哲学）のようなものをしっかりと受け止め、キャプテンマークを巻いたように見えます。周りのことがよく見える素晴らしい立ち居振る舞いができる大人の選手になりました。

移籍するのが日常茶飯事のサッカー界では「生え抜き」という言葉が当てはまる選手はほとんどいません。タカシ自身も二度、海を渡っています。しかし、日本でプレーしたプロチームはガンバ大阪のみ。「国内では」というエクスキューズをつけたうえで、ガンバ大阪の生え抜き選手といっても過言ではありません。

彼の背負ってきたものや、それに応えようとする姿勢、そして活躍ぶりを考えると「ミスター・ガンバ大阪」の称号にふさわしい特別な選手です。

特別な理由の1つは、タカシはアカデミー時代から必ずタイトルを取ってきた選手だからです。前述しましたが、日本クラブユースサッカー選手権（U－18）大会で優勝し、Jリーグユース選手権大会も制しました。

2013年、J2に降格したガンバ大阪に復帰すると、1年でJ1に引き上げ、翌2014年には3冠を達成。常にチームを勝たせ、日の当たるところで活躍してきた選手です。大きな期待を背負いながら、押しつぶされることなく、結果で応えてきたのです。どんなに苦しい状況となっても常に前向きに振る舞える原動力となっているのが、タカシのクラブ愛、忠誠心なのは間違いありません。また、そういう気持ちは後輩たちにも自然と伝わります。

リツ（堂安律）をはじめとした多くの後輩の選手が憧れ、ガンバ大阪のシンボルとして慕うのも、自己を犠牲にして他人や集団をサポートし、助けようとするタカシの姿勢を見てきているからでしょう。

「利他の心」で地元から愛され続ける堂安律

2022年8月に亡くなられた京セラの創業者、稲盛和夫さんの有名な言葉に「利他の心」があります。自分自身の利益よりも他人の望ましい結果を優先する気持ち、心配りのことです。経営者をはじめとする組織のリーダーにとっては非常に重要な資質といわれています。

中学時代から親分肌で、周囲を巻き込む力のあるリツ（堂安律）には、アカデミーに所属していたころから「利他の心」が濃厚にありました。

自分よりも他人のことを考える。愛・感謝・忠誠心＝支援力にあふれていたのです。リツの「利他の心」には、両親や兄弟の影響が大きいと思います。リツがアカデミーに所属していたころ、両親は同学年や後輩のチームメートの保護者のまとめ役をしていました。学校でいうところのＰＴＡ会長のような役回りといえば、近いでしょうか。自ら買って出てというのではなく、自然発生的にそうなっていました。人に好かれる、人が寄ってくる、人に頼りにされる。そんな両親の薫陶を受け、リツもそういう美質をもった選手になりました。

リツはアカデミーの先輩のタカシ（宇佐美貴史）と同じようにガンバ大阪への愛、忠誠心の強い選手です。19歳で海外に渡る前に、ガンバ大阪のトップチームでリーグ戦に出場したのはわずか15試合しかありませんでした。それでも、ガンバ大阪の本拠地のパナソニックスタジアム吹田に「堂安シート」と名づけた特別席を用意し、関西の小学生をガンバ大阪の試合に無料招待していました。ガンバ大阪のリリースでも、

「堂安シート」を設けた理由について、リツは

「まず一番はガンバ大阪への感謝です」

とコメントしています。

2022年のW杯カタール大会後に大阪でリツの慰労会が開かれた話は前述しましたが、リツは里帰りするたびにガンバ大阪のクラブハウスもよく訪ねています。海外のどのチームでプレーしようとも、自身を育ててくれたのはガンバ大阪であると、親近感をもっていることがうかがえます。

リツは生まれ育った故郷の兵庫県尼崎市への思い入れもたっぷりとあります。兄とともに大規模商業施設の屋上のスペースを活用してサッカースクールを立ち上げた話は前述しましたが、地元の児童養護施設に毎年、サッカーボールや野球のグローブなどを寄付しています。自身のSNSや動画チャンネルで家族の行きつけの料理店を取り上げたこともあります。世の中を元気づけ、人の心を豊かにする。そんな発信を続けるリツはまるで、尼崎市の広報大使を委嘱されているかのようです。

リツの言葉や行動を見ていると、演じている部分もあるのかなと思うことがあります。ただ、こうした振る舞いは、自分のため、自分の利益になるからといった利己的なものではなく、他人のため、地元のため、という気持ちからでしょう。

それが不思議なもので、巡り巡って自分に返ってくるのです。W杯期間中、尼崎市の商店街にはリツを応援する横断幕が掲げられていました。私も通りがかりに偶然目にし、すごいなあと思ったものです。「利他の心」で行動してきたことにより、リツは地元・尼崎で多くの人に愛される「おらが街のスター選手」となっているのです。リツの地元での絶大な人気ぶりは、「行動が変われば運命が変わる」ということを実証していると思います。

最高のサポーターのためにプレーする鎌田大地

リツ（堂安律）と同じくW杯カタール大会で活躍したダイチ（鎌田大地）の京都・東山高校時代のエピソードも「利他の心」から発していました。

福重良一先生率いる東山高校に進学したダイチは、高校1年生のときは寮に住んでいました。

しかし、高校2年生のときに父親の幹雄さんと兵庫県尼崎市で2人暮らしを始めます。母親は兄弟の学校の関係で、愛媛県に残っていました。関西の方なら頭に思い浮かべやすいと思いますが、愛媛県から関西に転勤となった幹雄さんは尼崎市の西に位置する神戸市の会社に勤めており、ダイチは東にある京都市の学校に通っていました。2人ともが通勤、通学できるギリギリの場所が尼崎市でした。

ダイチは高校3年生のとき、志願してサッカー部のキャプテンになりました。幹雄さんによると毎朝、始発の電車に乗って東山高校に通っていました。午前5時台だったそうですから、冬はまだ真っ暗です。

理由は控え選手が中心のBチームの朝の練習に付き合うため。自身にプラスになるわけではないのに、欠かさず、Bチームの朝練に顔を出すようにしていました。

ダイチが高校の卒業式を迎えたときのことです。幹雄さんはダイチと同学年のサッカー部の保護者に呼び止められ、こんな言葉をかけられました。

「うちの息子はサッカー部をやめようとしていましたが、大地君が『一緒に頑張ろう』と言ってくれたので、最後まで続けることができました」

この話を私に教えてくれた幹雄さんは「息子が人間的に成長してくれ、親として心の底からうれしかった」と話していました。

アカデミー時代はどちらかと言えば内向的な性格だったダイチですが、東山高校でキャプテンに就き、視野が広がったのです。責任感も一層強くなりました。

ガンバ大阪のジュニアユース時代、ダイチは身体の成長に感覚がついていかないクラムジーや相次ぐけがに悩まされました。

しかし、そこでもともと高かった技術をさらに磨いたのです。そして、東山高校ではサッカーの強さや規律、組織の束ね方を学習しました。

もちろん、3歳から通った地元のキッズFCと飯尾始監督からもサッカーの楽しさや奥深さを教えてもらいました。

どの選手にも言えることですが、恩師は1人ではありません。何人もの指導者が関わり、愛情を注ぐことで一人前のプロの選手が誕生するのだと思います。

キッズFC、ガンバ大阪ジュニアユース、東山高校。飯尾監督、梅津監督、福重先生。ダイチはそれぞれの年代を過ごした環境、そして、そこで出会った指導者をはじめとした人たちに感謝の思いをもっているそうです。

幹雄さんからこの話を聞き、感謝の対象の1つにガンバ大阪が入っていたことを、とてもうれしく思いました。

正直なところ、ガンバ大阪ジュニアユース時代は、ダイチにとってはつらく、苦しい3年間だったと思いますが、そこで得られたものを糧として成長していきました。どんな環境でもプラスに考えられるのは、ダイチの特性です。

もちろん、ダイチは自身を支え続けてくれた家族にも感謝しています。リツにもいえることですが、2人とも大の親孝行です。海外でプレーするようになった今でも、両親とよく連絡を取り合っています。

両家とも仲のいい家族です。ヨーロッパでの試合は日本との時差の関係で未明や早朝となることも多いのですが、幹雄さんは欠かさず見るようにしているそうです。

世間には親離れ、子離れという言葉がありますが、そういったことと両親に感謝する気持ち、親孝行したいと思う心は次元が違うものだと思います。

「父母の恩は山よりも高く海よりも深し」

保護者は選手にとって最高のサポーターです。最高のサポーターに感謝できない選手は、プロとして大成するのは難しいのではないでしょうか。

親孝行はいくらしてもしすぎることはありません。

嵜本晋輔は「恩」を忘れず、手を差し伸べる

嵜本晋輔社長も家族への感謝の気持ちをよく口にします。

自身のたどってきた道を振り返るようなインタビュー取材のたびに「最高のメンターは父親でした」と答えています。父親から会社経営のイロハを学び、兄弟で切磋琢磨して新たな事業を開拓してきたのです。

私が誰よりも信頼する嵜本社長は、受けた恩は必ず返すことを徹底しています。

「恩」というと、困っているときに何か助けてもらったりとか、何かを恵んでもらったりといったイメージがありますが、嵜本社長の考える「恩」とは、そういうものに限りません。自身を成長させてくれたもの全般を指しているように思います。

「私は日本のスポーツ界にお世話になった。だから恩返しがしたい」

常々、そんな思いを言葉として発信しています。

たとえばガンバ大阪の選手時代、嵜本社長は3年間でわずか4試合にしか出場でき

ませんでした。21歳の若さで戦力外通告も受けました。

子どものころから一途に打ち込んできたサッカー人生の蹉跌を味わったわけですから絶望的な気持ちになったり、逆に「使ってくれないのは監督やコーチの見る目がないからだ」と恨みに思ったりしてもおかしくはありません。

しかし、このことも嵜本社長にとっては「恩」なのです。プロサッカー選手という職業からの「引退＝前向きな撤退」を気づかせてくれ、自身がほかの分野に向かう機会を与えてくれたからです。嵜本社長は「失敗は成長の機会」と表現します。

ガンバ大阪でのプロサッカー選手としての「失敗」が、その後のバリュエンスホールディングスでの「成長」につながったと前向きに捉えているのです。そうした「自身の転機となったことへの感謝の気持ち」から、嵜本社長はバリュエンスホールディングスとしてガンバ大阪のオフィシャルパートナーを6年間、務めてきました。具体的な金額を明らかにするのは控えますが、ほかのJリーグクラブ幹部は、

「嵜本社長はすごいな。自分に戦力外通告したクラブを6年も支援するなんて、なかなかできることじゃない」

そう私に話し、しきりに感心していました。

嵜本社長がガンバ大阪での苦い経験を「恩」と思うようになったのはなぜでしょう。
同氏によると、「なぜダメだったのか」「どうして結果を出せなかったのか」を突き詰めて考え、ミスをしたときに他人のせいにしていたことに気づいたそうです。

足元でパスを受けたいのに浮き球が来たのでうまくさばけなかった。このタイミングでクロスボールを上げてくれればゴールを決められたのに来なかった。

なんでも他人のせいにする「他責の思考力」では、成長は望めません。高いボールをコントロールできないのは、自分の技術が未熟だからだ。クロスが来なかったのは、自分の位置取りが悪かったせいではないか。

もしかしたら、ふだんからその選手ともっと綿密にコミュニケーションを取ることができれば、自分のほしいタイミングでクロスボールが来るようになるのではないか。

こうした自分に矢印を向ける「自責の思考力」が自身を高みへと導いてくれるのです。
嵜本社長はガンバ大阪での苦しかった経験を踏まえ、思考方法を「他責」から「自責」に変えたことで、経営の世界で新たな道を切り開きました。「心が変われば運命が変わる」を端的に表している事例でしょう。

嵜本氏が「恩」を感じているのは、先に記した「日本のスポーツ界にお世話になった」の言葉からも明らかなように、ガンバ大阪だけではありません。大阪市立白鷺中学校時代の内田圭紀先生、大阪・関西大学第一高校時代の佐野友章監督と芝中信雄コーチ。母校の恩師たちはもちろん、スポーツ界全体に「恩」を感じているのです。

そういった思いから、アスリート（スポーツ選手）のデュアルキャリア支援にも乗り出しています。南葛ＳＣの経営に参画したのも、スポーツ界に恩返ししたい気持ちが発端です。

「物質的な豊かさ」よりも「心の豊かさ」を重視する。そして出会った縁を大切にし、そっと手を差し伸べる。そういう優しさが寄本社長の魅力です。

本章で取り上げた愛・感謝・忠誠心＝支援力は、ある意味、誰でももつことができる、いくつになっても身につけることができる「能力要素」です。

今の自分があるのは誰のおかげなのかを考え、自分ができることは何かを考える。冷静に謙虚に自身の姿を振り返れば、自分の力だけで現在のポジションにたどりついたわけではないとわかります。

話が大きくなりすぎますが、人間は社会的動物です。誰しも１人では生きられません。社会のなかで支え合って生きているのです。

世のため、他人のため、ファンのため。プロのサッカー選手であれば、そういう気持ちを忘れずにプレーする。それが、人としての価値を高め、「人間力」を磨くのです。

逆に言えば、人間的な成長がないと、いくら技術が高くても選手生命は短命に終わってしまうのではないでしょうか。自己中心的だったり、他人を思いやる心がなかったり。具体的な名前は出しませんが、そういった選手たちの姿もたくさん見てきました。彼らの引退後の生活についても聞いていますが、決して成功しているとはいえない状況の人もいます。

2023年5月、石川県で震度6強の地震がありました。

石川・星稜高校出身のケイスケ（本田圭佑）はすぐさま、自身のツイッターに「石川県の皆さん、引き続き余震など十分に気をつけてください」と綴りました。

ガンバ大阪を退職した私への労わりのメッセージといい、そういう気配りや心配りができる選手がプロで長く活躍できるのです。人間的な成長とプロでの成功は正比例しています。

この章の最後に、どのようにしたら愛や感謝、忠誠心をもてるようになるかお答えします。答えは簡単です。まずは責任転嫁しないことです。嵜本社長がそうしたように、「他責」ではなく「自責」に発想を転換することです。

次章のテーマである責任感＝自責の思考力（矢印を自分に向けて考え、行動することができる力）をもつことで、フラットに物事を考えられるようになり、他人を思いやる余裕が芽生えたり、所属しているチーム、組織のためにプレーする、バリバリ働こうと思う意欲が湧いてきたりするのです。

もし何かに行き詰まりを感じているのであれば、本章の冒頭に記した「なんていい会社（学校、チーム）なんだろう」「なんて素晴らしいオフィス（教室、グラウンド）だろう」と日々、感謝の気持ちをもつことを実践し、習慣づけてみてください。

何度も言いますが、心が変われば、運命が変わります。これまで見えていた会社や学校、チームの「景色」も違ってくるはずです。そこから新たな気づきがあったり、人間関係が生まれたりするのではないでしょうか。

二宮博×宇佐美貴史
良い出来事も悪い出来事も、そこには常に愛がある

宇佐美　自分にとってガンバ大阪とはどのような存在かとよく考えます。〝クラブ愛〟ってよくいうけど、その対象はクラブで働いている人なのか、チームメートなのか、監督やコーチなのか、ファンやサポーターなのか。でも、同じ人がずっといるわけではない。するとおそらく人ではない。もちろん、お世話になった人はたくさんいます。じゃあ、何やろうと考えると、小学6年生のときに感じた、「ガンバ大阪に入れるんや」っていう楽しさやうれしさが起源だと思うんです。結局は、そこでバチッとハマった。そのあとの経験ももちろん大切にしていますが、最初のドキドキ感は大きいなって感じます。

二宮　タカシは家族そろってガンバファンで、入るときからずば抜けていた。最初に感じた衝撃は間違いではなく、クラブ全体で育成する感じになりました。

宇佐美　あまり好きな言い方ではないですが、ほんまにレールを敷いてもらったんで。そこをただ一生懸命に走った。でも、わりと難しめのレールでしたよ。中学1年生でいきなり3年生のチームに入れられ、2年生でキャプテンをさせられて。教えるほうはできるようになったからやらせようっていう感覚かもしれないですが、僕は全然そうじゃなかった。できるのかなっていう感じで、常に不安を感じていましたね。

二宮　外からは自信があるように見えていたけど、そうだったとは、今、初めて知った。

宇佐美　育成に携わっていた人たちの愛情はすごく感じていました。だから、この環境に身を置かせてもらえていると思っていました。でも、当時のレベル的には結構きつかったですね。

二宮　本当にクラブの期待を一身に背負っていました。責任感とかリーダーシップの植えつけ

とか、何か感じることもあったのではないかな。

宇佐美　いや、もういっぱいあります。たとえば、自分の士気が低いときに全員の練習メニューを変えられ、走る練習になりました。当時の指導者に「ちょっとやめろ。タカシが全然練習しないから、全員で走れ」って言われました。めっちゃきつくて、そのあとでみんなに「頼むから、謝りに行ってくれ」って言われて。「すみません。しっかりやるんで、サッカーをさせてください」と言い、「わかった。やんねんな」と念押しされたことがありました。今思えば、そんな経験はなかなかない。ありがたい話だし、熱量というか、情熱をもって教えてもらった。

二宮　それはカモ（鴨川幸司）やね。目的は走らすことじゃなくて、やっぱり気持ちを変えたかったんでしょうね。リツ（堂安律）に「お前はタカシとは違うんだ！」とも言っていました。

宇佐美　僕は、「アキ（家長昭博）とは違うんだ」って言われましたよ（笑）。家長くんと僕とリツとは6学年ずつ違うんですよ。「アキはすごかったぞ」って、いつも言われていましたね。

二宮　ガンバの伝統ですかね。それに、カモの独特の練習やね。愛情表現でもある。そういう教えを受け、ファンにも愛される選手になった。

宇佐美　ファンやサポーターとのつながりは深くもっていたいですね。当然、賛辞もあれば、罵声を浴びることもある。ただ、ファンは思いがあるから言うし、何も思わない選手にそれだけのエネルギーとか熱量で伝えようとは思わないでしょ。自分が点を取って勝ったとき、ゴール裏からの声はすごいし、結果が出てないときには、当然、矢のように批判が飛んでくる。でも、それでいいと思う。良くも悪くも、しっかりぶつかっていくことが大事かなと思います。

第8章

自責の思考力

＝

矢印を自分に向けて考え、行動できる力

勇気をもってガンバ大阪のレールを飛び出した谷晃生

サッカーにミスはつきものです。ミスを怖がっていては、なかなか良いプレーは生まれません。大切なのは、ミスをしたときにどう思うかです。

第7章の支援力で紹介したように、ガンバ大阪で戦力外通告を受け、ビジネスの道に進んだ嵜本晋輔社長はこんな話をしていました。

「二宮さん、僕がガンバ大阪で結果が出なかった理由がわかりました。ミスをしたら常に他人のせいにしていたんです。何かを改めなければならないのは、他人じゃなく自分なんです」

これが、この章のテーマである責任感＝自責の思考力です。自分にベクトル、矢印を向けることで、自身の成長が促されるのです。

ただし、注意しなければならないことがあります。

自責の思考力と、なんでもかんでも自分が悪いと責めてしまうマイナス思考の罪悪感は似て非なるものです。違いは、状況を冷静に見ることができているかどうかです。ミスが起こった原因を落ち着いてよく分析し、次に自分がどう行動すればそのミスがなくなるのかを考える。これが自責の思考力です。ただ単に自分が悪かったと悔やむだけの罪悪感からは、有意義なものは何も生まれません。

自責の思考力はあくまでも、よりよい状況をつくり出すためのものです。つまり、未来志向なのです。

「反省はしても後悔はするな」という言葉があります。個人的な見解ですが、「反省」には同じ過ちは二度と犯さないという前向きな気持ちが含まれている気がします。

一方の「後悔」はあんな過ちを犯さなければよかったのにと、過ちの結果として生まれた現状を嘆いているだけのように思います。そう考えると、自責の思考力を生み出すのは「後悔」ではなく「反省」になります。自身のプレー、行動を冷静に反省するところから、次に進むべき道がわかり、第一歩が踏み出せるのです。

コウセイ（谷晃生）が務めるGKは、責任感を植えつけられるポジションという話を第5章の主張力でしました。ゴールを守るGKのミスは失点に直結するからです。

立ち位置や姿勢、重心のかけ方の違い、ゴールラインから前に出ていくタイミング、シュートされたボールを両手でキャッチするのか、それともパンチで弾くのか。ちょっとした判断ミスにより、失点を喫してしまうのですから、責任は重大です。

他競技に比べて得点が入りにくく、1点や2点といったわずかな得点差で競うサッカーは、1点の重みが非常に大きいスポーツでもあります。そう考えると、GKはある意味、酷なポジションです。負けると、失点を防げなかったGKのせいとなりがちだからです。強烈な責任感がないと務まりません。

コウセイの場合、別の重圧もありました。というのも、多くの日本代表選手を輩出してきたガンバ大阪のアカデミーですが、GKとして大成した選手はほかのポジションに比べると数が多くなかったからです。2018年W杯ロシア大会に出場したヒガシ（東口順昭）はジュニアユース時代の身長が低かったこともあってユースへの昇格を逃し、京都・洛南高校から大学を経てプロ入りして戻ってきました。

ジュニアユース、ユースとガンバ大阪一筋で成長したコウセイは年代別の日本代表にも選出され続け、タカシ（宇佐美貴史）と同じようにアカデミーの期待を一身に背負った大型GKでした。飛び級で昇格したのもタカシと同じ。獲得する際に他クラブと競合し、ガンバ大阪のジュニアユースに入ってもらった経緯もありました。これも

ＧＫの特色だと思うのですが、コウセイは人前では決して弱みを見せないタイプです。

「二宮さん、任せておいてください」

いつも、そう胸を張っていました。相手に爽やかな印象を与える選手です。

ただ、自信満々な態度だからといって、反省していないわけではありません。スポーツに理解のある両親から自立心旺盛に育てられたコウセイはミスをしても落ち込むのではなく、自分に矢印を向け続けることで技術を向上させていきました。

２０２０年に湘南ベルマーレに期限付き移籍したのも、いい武者修行になったようです。アカデミー育ち特有のスマートさをもちながら、湘南ベルマーレで3年間を過ごして試合に出場し続けたことで、たくましさを身につけました。

ＧＫは負傷交代などよほどのことがない限り、出場できるのはたった1人です。ほかのポジションよりも生存競争は熾烈です。状況を冷静に見極め、何が最善かを導き出して行動する。コウセイの自責の思考力は、目標設定力＝自己啓発力とも密接に関わっています。

少し話がそれますが、スカウトを卒業してアカデミー本部の本部長となった私は、アカデミー組織の充実、改革に努めました。ユースの選手寮を大阪府吹田市に整備するとともに、練習場に自転車で通える距離にある大阪府茨木市の私立追手門学院高校とパートナーシップ協定を提携し、ユースの選手を受け入れてもらったのです。

アカデミーの大先輩、イナ（稲本潤一）が在籍していたときに関係を築いた通信制中心の私立向陽台高校との連携も続いており、飛び級でトップチームに昇格したタカシらは、そこでの個別指導で学習支援を図りました。

それまではユースの練習は夜に行われるのが当たり前でした。通っている高校も異なるため、授業が終わる時間も違います。夕方に大阪府吹田市の練習場に集まってハードな練習を行って帰宅し、食事や入浴を終えると、もう深夜です。高校生ですから、宿題もあるでしょうし、テスト勉強もしなければなりません。だからといって、成長期の高校生に睡眠を削るようなことはしてもらいたくない。これでは身体にもよくないし、頭にもよくありません。

そこで寮生活にして追手門学院高校に通い、授業が終わって午後3時半からユースの練習が始まるようにしたのです。生活のサイクルが夜型から昼型に変わり、練習にも勉強にもより一層、打ち込めるようになったのです。

コウセイもそうしたアカデミー改革の恩恵を受けた選手です。充実したアカデミーで育てられ、期待の大型ＧＫとしてしっかりとしたレールも敷かれている。

しかし、コウセイの目標設定力＝自己啓発力と密接に結びついた自責の思考力は、その場所をいったん離れる決断を下しました。

コウセイの「矢印を自分に向けて考え、行動することができる力」は、現状に甘んじることなく、新天地に飛び出していける「勇気」に支えられていると言えます。

「自分事」と考え、アカデミー改革に乗り出した宮本恒靖

東京五輪世代のコウセイ（谷晃生）が敷かれたレールから飛び出す勇気をもった選手なら、長い歴史をもつガンバ大阪アカデミーで最初に全国区の存在となったツネ（宮本恒靖）は、自らレールを敷いてきた選手だと言えます。

2002年W杯日韓大会の開幕直前に鼻骨を骨折し、フェースガードをつけてプレーした姿を覚えている人もいるでしょう。

「バットマン」と呼ばれたツネは、日本代表でキャプテンマークを巻き、冷静なプレーでフィリップ・トルシエ監督が導入した守備戦術「フラットスリー」を統率しました。センターバックの3人が1列に並んで守備ラインを上げ下げするシステムで、中央の選手には高い状況判断能力と、両脇の選手へ的確な指示を出すコーチング力が求められます。その役目をこなしたツネは端正な顔立ちと落ち着いた雰囲気もあって人気を集め「ツネ様ブーム」を巻き起こしたのです。

大阪府富田林市出身のツネは、地元の中学校から、創設されたばかりのガンバ大阪ユースに入りました。進学校の大阪・生野高校に通いながら、ユースの1期生として練習に励んだのです。

上級生がいないため、高校1年生のときからキャプテンを務めました。同学年には、南葛SCを率いる高木健旨監督らがいます。アカデミーからトップチームへの昇格も高木監督らとともに第1号でした。ちなみに、同じ年に私がスカウトとしての第一歩を踏み出し、立命館大学から獲得したサネ（實好礼忠）もガンバ大阪入りしました。

年代別の代表に選ばれ、フル代表でキャプテンに定着したツネはガンバ大阪でもリーダーシップを発揮し続けました。常にチームのことを第一に考える選手で、チームの勝利のために自己犠牲できるのです。

身体は大きくありませんが、ポジショニングや判断力で相手ＦＷ陣に対抗しました。ＤＦとＦＷの関係はある意味、化かし合い、だまし合いです。相手の動きの裏をかいてボールを奪ったり、シュートを防いだりするのです。だから賢さも重要です。

ツネはプレーの洞察力が深く、読みが鋭いのです。文武両道の精神で詳述しますが、外国人選手ともコミュニケーションが取れる語学力があり、誰とでも分け隔てなく付き合える。まさに「ピッチ上の監督」でした。ピッチ外での経歴が似ているハッシー（橋本英郎）と同様に、頭脳派で総合力の高い選手です。

私との接点で言えば、現役を引退した彼が、２０１５年にガンバ大阪に戻ってアカデミーのコーチングスタッフに就任したときからのことが印象深く残っています。

私は当時、アカデミーの責任者をしていました。前例がないことでしたが、ツネはジュニアユースの選手にたっぷりと夏休みを与えたのです。練習時間も短くしました。体幹を鍛えるなど、新しいトレーニング方法も導入しました。

従来は夏休みの期間は徹底的に練習するのが当たり前と思われていました。しかし、現役引退後に国際サッカー連盟（ＦＩＦＡ）が運営する国際的な大学院「ＦＩＦＡマスター」で学び、世界を知るツネには最新の知見があったのです。

計画的に効率的に、そして長期的視野に立って伝統的なガンバ大阪のアカデミーに新しい風を吹かせようとしました。

選手に自主性をもたせ、オンとオフをしっかりと分ける。

サッカーが人生ではなく、人生のなかにサッカーがある。

アカデミーの究極の目的は立派な社会人を育てることなのだから、勉強も大切にしないといけない。ツネの手法は、私も大いに共感するところがあり、勉強にもなりました。ほかのコーチにも非常に刺激になったと思います。

特筆すべきなのは、ガンバ大阪アカデミーで育ち、しかも1期生で初代キャプテンのツネが自らアカデミー改革を断行しようとした点です。

私はここに、ツネの責任感=自責の思考力の一端を見ます。アカデミーの後輩たちのためにどうしたらいいのか、自分の経験を生かして何ができるのか。もしかしたら、自身のアカデミー時代を振り返り、自分がアカデミーの選手だったらどうしてほしいだろうと考えたのではないかと推測します。

自責の思考力とは、状況を「自分事」として考えることから始まるのです。

堂安律が示してきた「俺がやらなきゃ、誰がやる」

リツ（堂安律）のエピソードは、いくつかの章で紹介してきました。第4章の自己啓発力で取り上げたのは、将来に向かって現状に変化を起こす「行動力」です。第5章の主張力では、先輩と後輩のパイプ役を務められる「柔軟性」に焦点を当てました。第6章の傾聴力では親身になってくれた指導者の叱咤激励を真摯に受け止める「感受性」、第7章の支援力では自分のためではなく、他人のために努力を惜しまない「利他の心」を記しました。「行動力」「柔軟性」「感受性」「利他の心」。それぞれのキーワードを結びつける接着剤のような役目を果たしているのが、リツの責任感＝自責の思考力でしょう。簡単に言えば「俺がやらなきゃ誰がやる」という心意気です。

あらためてリツのアカデミー時代のエピソードを別の側面から切り取ってみます。

バルセロナ遠征した際に、チームにちょっとした規律違反があり、鴨川幸司監督がFCバルセロナとの試合前日に全員に走る練習を命じました。

その際にキャプテンを務めていたリツが「明日は大事なFCバルセロナとの試合がありります。日本に帰ってからちゃんと償いますから、今日の走る練習はやめていただけませんか」と鴨川監督に掛け合ったというエピソードです。

私も遠征に帯同していたのですが、この話はあとになって鴨川監督から聞きました。その際に鴨川監督はこんなことを言っていました。

「二宮さん、監督に面と向かって言うのは勇気が必要だったと思います。それでも、自分がチームメートの意見をまとめて正々堂々と言いに来た。長くガンバ大阪のアカデミーを見てきましたが、こんなキャプテンは歴代、いませんでした」

自分のためではなく、他人のことを思いやり、自分が行動を起こす。自分に矢印を向ける姿勢はずば抜けています。W杯カタール大会でのリツの言葉からも、責任感＝自責の思考力の強さが伝わってきます。

「俺が決めるという気持ちで入りましたし、俺しかいないと思ったので。強い気持ちで入りました」（同点ゴールを決めたドイツ戦後のフラッシュインタビュー）

「俺が日本サッカーを盛り上げるという気持ちでピッチに立っているので、みなさん是非期待してください」（同）

「冗談抜きで、俺は本気で優勝を目指していたので、やっとみなさんが信じてくれるのではないかと思います」（スペイン戦でW杯2点目のゴールを決め、日本を決勝トーナメントに導いた直後）

こうした強気のコメントを振り返ると、リツの責任感＝自責の思考力は、自身がよく口にする「強い気持ち」に支えられていることがわかります。「俺がやらなきゃ誰がやる」という強い気持ち、強いメンタリティーがリツを突き動かしているのです。

背中でチームメートを鼓舞する**遠藤保仁**

リツ（堂安律）は有言実行でチームを牽引するタイプですが、長年に渡ってガンバ大阪を支えてきたヤット（遠藤保仁＝現・ジュビロ磐田）は背中で語る選手でした。

どちらが良くて、どちらが悪いという話ではありません。責任感＝自責の思考力の発揮の仕方には、いろいろなパターンがあるというだけのことです。

鹿児島県出身のヤットはリツと同じように3人兄弟の末っ子で、高校サッカー界の名門、鹿児島実業高校から横浜フリューゲルス、京都サンガを経て2001年にガンバ大阪に加入しました。中心選手としてガンバ大阪に初タイトルをもたらし、2008年のACL制覇にも貢献。日本代表でも長らく主軸選手として活躍し、2006年ドイツ大会から2014年ブラジル大会まで3大会連続でW杯日本代表のメンバーに入りました。

2010年W杯南アフリカ大会でのことです。現地視察に行った私は偶然、ヤットの両親と同じホテルに滞在しました。その際に、いろいろと話を聞いたのですが、ヤットの飄々とした立ち居振る舞いにはやはり、家族の影響が大きいように思いました。

2人の兄を追いかけてサッカーを始め、自身の部屋の天井には日の丸を貼っていました。日々、それを見上げ、いつかは背負う選手になることを目指していたのです。一方で、そういう熱い思いはいっさい表に出さず、飾らない性格でマイペース。穏やかで人当たりがいいのは両親譲りでしょう。

ヤットは自分のプレーの特徴を知っている選手です。ピッチの中での責任感が強く、シンプルなプレーで局面を打開します。将棋にたとえると、試合展開がどう流れていくのか、数手先までしっかりと読めている選手です。

そして、味方に優しいパスを出すのです。バン（播戸竜二）やオグリ（大黒将志）といった点取り屋たちに「どうぞシュートを打ってください」と言わんばかりの最高のプレゼントパスを出す選手です。「最高のプレゼンター」といえるでしょう。

そんな選手ですから、チームメートも監督もヤットを頼りにするようになります。チームが苦しいときに、みんながヤットを見るんです。心の拠り所になっていました。いつしか「ガンバ大阪のヤット」から、「ヤットのガンバ大阪」になりました。

周りを生かすことができる選手には、自然とボールも人望も集まります。ヤットの場合は、ガンバ大阪の大黒柱といえる立場になっても、気取ったところがいっさいありませんでした。ヤットの責任感＝自責の思考力は「自然体」です。いつもどおり振る舞うことでチームに安心感を与え、落ち着かせる。誰もができることではありません。高い技術と謙虚な人間性の両方が備わっているからできるのです。

２０１１年のサッカー女子Ｗ杯ドイツ大会で日本代表「なでしこジャパン」を優勝に導いたキャプテンの澤穂希さんは、「苦しいときは、私の背中を見て」と後輩のチームメートに言ったそうです。

ヤットと同じように背中でチームメートを鼓舞することができる数少ない選手だからこそ、プレーを通じて、東日本大震災の被災地を元気づけたような、ひたむきさや粘り強さを伝えることができるのではないでしょうか。

ヤットには海外からオファーが届いたこともあります。しかし、あまり興味は示しませんでした。個人的には海外でのプレーも見てみたかった選手の1人です。

責任感＝自責の思考力をもつべきなのは、選手だけではありません。指導者も高いレベルで備えておく必要があります。この章の冒頭でふれたように、サッカーはミスの多いスポーツです。指導者は選手がミスをしたときにどう振る舞えるかが大切です。「何をやっているんだ」「お前が悪いんだ」と怒るだけの指導は論外です。そんな指導者には誰もついていきません。ミスは当然起こるものと考え、どうして起こったのかの原因をきちんと探り、対応を考えないといけません。

指導者には経験と勉強が必要です。

以前にも言及しましたが、どの選手にも無限の可能性があります。

とくに中学年代や高校年代は短期間で驚くような成長を見せる選手がたくさんいます。能力を引き出してあげられるかどうかは指導者次第です。選手の頭や心を刺激し、正しい努力をする方向にもっていかないといけません。

私の経験から言って、指導者に言われたことしかしない選手の成長には限界があるように思います。自ら工夫する姿勢が大切です。努力は「量」も大事ですし、「質」も問われます。しかし、もっとも考えなければならないのは「やり方＝方法」です。どういう「やり方＝方法」が正しいのかを教えてあげるのが、指導者の大切な役目であると思います。頭で考えさせ、心で感じさせ、身体を動かさせる。その3つの「させる」がそろって選手は成長していくのです。

選手の側から見るとどうでしょう。私は多くのアカデミーの選手たちと接するなかで、必ず言っていたことがあります。それは、

「監督には嫌われるなよ」

ということです。社会人にもいえますが、権限を握る上司に嫌われると、活躍の機会を与えられず、思うように昇進できません。

ただ、人間同士の付き合いですから、当然、「合う」「合わない」はあります。ここでいう「嫌われない」とは、そういう相性の良し悪しではなく、「素直な気持ちで接する」ということです。

斜に構えてしまうと、指導者の助言を受け入れにくくなります。そうすると、成長速度は間違いなく鈍化します。実際、ここでは活躍できるが、あそこでは活躍できないという選手を数多く見てきました。

もったいないことです。指導者と選手の双方が責任感＝自責の思考力をもてば、良好な関係を築けるでしょう。

では、監督との相性が合わず、嫌われた場合はどうすればいいのでしょう。

それははっきり言って、チームを変わるしかありません。新たに相性の合う監督を探すべきです。「良禽は木を択んで棲む」といいます。社会人も同様です。環境（会社や職場）を変え、新たなスタートを切るのが賢明だと思います。

いつも順風満帆な人生なんてありえません。自身が逆境に陥ったときにどう克服するか。それは、大切な能力要素です。次の章ではハングリー精神・反骨心・反発力＝忍耐力（苦しみやつらさ、怒りなどに耐えることができる力）について述べます。

二宮博×谷晃生
日頃の態度でミスしたときに周囲の反応が変わるから

谷　二宮さんはジュニアユースの練習で、常にグラウンドのどこかで見られているという印象でした。すれ違うときに挨拶したり、少し相談したりするみたいなことはありましたが。

二宮　雰囲気がほかの選手と違っていましたね。スポーツに理解のある両親の教育もあって、ニコッと会釈をしつつ、目上の人をリスペクトする。気配りとか目配りができて、選手としての大きさを感じる、オーラがありました。

谷　ポジション柄もありますかね。ジュニアユースで教えてもらった松代（直樹＝現・大阪学院大学GKコーチ）さんも、「失点は全部GKのせいだと思え」って言っていました。それは自分を押し下げるんじゃなく、そういう視点から学べということだと思います。外で見せる態度で、ミスしたときの周りの反応も変わってくると思っていました。自分の姿勢というか、そういうことは日頃から意識していました。

二宮　アカデミー出身者でも、GKのポジションでは、フィールドプレーヤーほど出てきていなかった。コウセイが初めてのケースでしょう。

谷　でも、年代別の代表には常にガンバ選手がいました。僕の上の年代もそうだったと思いますが、年代別代表に入っても、やっぱりガンバの選手は飛び抜けているイメージがありました。僕が住んでいたのは大阪の南で、セレッソ大阪のほうが近いんです。誰もがセレッソ大阪に行くと思っていたはずです。でも、練習に参加して素直に楽しいと思えたのが、ガンバでした。高いレベルでサッカーの楽しさを感じさせてくれる場所が、ガンバだったんです。

二宮　それはよかった。周囲も期待し、トップで活躍させるためのレールが敷かれていました。でも湘南ベルマーレで武者修行する道を選んだ。

谷　まさに、そうだと思います。僕はレールの上を歩いてきただけだなって思っていたんです。あとは、東口（順昭）さんの存在が大きかった。ここで試合に出るのは難しいと思っていました。そこに、J1のチームからオファーがあったんで、「行きます」と。そのころ、若くしてJ1の試合に出るGKが出始めて、プレッシャーはありつつも、自分もその舞台でやりたいと思うようになりました。あとは違う場所、自分のことを誰も知らないところで、どう評価されるのか、チャレンジするのもいいと思いました。

二宮　その気持ちが素晴らしいし、実際に湘南で大きく成長しましたよね。

谷　日本のトップクラスのJ1で試合に出続けることに意味があったと思います。あとは自分が育ったクラブの偉大さというか、ガンバ大阪がどれだけ恵まれていて、サッカー選手としてどれだけ居心地のいい場所かっていうのを、感じることができました。だから、湘南ではハングリーさというのも得られましたね。

二宮　コウセイが描く理想のGK像は。

谷　理想でいえば、味方が信頼して、相手の選手が嫌がるGKでありたいと思っています。やはりいいGKってすごい大きく見えるんですよ。ゴールがすごく小さく見えるというか。もちろん、失点は絶対にするものなので仕方がないですし、セオリーどおりにやっても、止められないこともある。でも、経験を増やしながら、すべてのレベルが上がればいいと思います。

二宮　そのなかで、どこを目指していますか。

谷　将来はヨーロッパの4大リーグに行きたいです。日本人のGKがまだ活躍していない4大リーグで実力を示すことができれば、より日本人のGKが評価されると思います。

第9章

忍耐力

＝

苦しみやつらさ、
怒りなどに耐えられる力

初心を忘れず、謙虚に努力した播戸竜二

スカウティングした高校生のなかに、こんな選手がいました。

ポジションはボランチです。入団はしたものの、どうも練習に身が入っていないように見えたので理由を尋ねてみると、第8章の責任感で紹介したヤット（遠藤保仁）のレベルの高いプレーに衝撃を受けたのだそうです。

「僕は勝てません」とあきらめの気持ちになり、「試合に出なくても、ガンバ大阪のトップチームで練習できるだけでいい」と思うようになったのです。自分の現在の力量を客観視するのは大切なことですが、これでは成長は望めません。

ヤットという日本サッカー界屈指の「最高の教材」がすぐ近くにいるのです。こんなチャンスはそうそうありません。ヤットから盗めるものを盗んで、いつかは追い越してやるくらいの気概をもたないといけません。私はその選手を説得しました。

どんなスポーツだろうと、プロは厳しい勝負の世界です。中学校や高校、大学の部

活動とは違います。アマチュアではないのです。

あきらめてしまったら、おしまいなのです。それは、負けを受け入れるということですし、勝負の世界から「退場する」ということなのです。

長いスカウト生活のなかで、びっくりするくらいの潜在能力を秘めた選手をたくさん見てきました。

しかしながら、全員がその能力を開花させることができたかというと、残念ながら、そうではありません。この本で取り上げてきた素晴らしい選手たちはむしろ、少数派と言えるでしょう。

では、何が両者の成否を分けたのかといえば、本書のテーマになっている、「人間力」です。ただし、「人間力」を高めるには、簡単にあきらめてしまったらダメなのです。

逆境や劣勢に耐え、勝利をつかむために何をするかが大切です。その何をするかを決定づけるのが、ハングリー精神・反骨心・反発力＝忍耐力です。

前述したとおり、兵庫・琴丘高校の無名の選手だったバン（播戸竜二）は、月給10万円の練習生としてガンバ大阪に入りました。正式なプロ契約をしてもらうためには、半年間にどれだけ試合に出場するかといった細かな取り決めがありました。バンは、

「お金はいいから、とにかく試合に出場させてほしい」

と思いを口にしていました。なにがなんでも正式契約を勝ち取りたかったのです。

そういうハードルを乗り越えて日本代表にまで上っていったバンは、会うたびに、

「僕は練習生ですから」

そう口にします。決して自身を卑下して言っているわけではなく、そこからはい上がったという気持ちが強いのです。こうも言ってくれます。

「逆に練習生からスタートしたのが良かったんです」

バンのこの言葉を聞くことで、当時のガンバ大阪のクラブ事情もあって最初は練習生契約しかしてやれなかった私の申し訳ない気持ちも多少は和らぎます。

バンのハングリー精神は、初心を忘れないことです。どんな立場になっても練習生時代のがむしゃらさを失わずに練習に取り組みました。ファイティングスピリット旺盛なプレースタイルも変わりませんでした。それが、「途中出場で27ゴール」というJリーグ記録にもつながっているのです。

ピッチを離れても謙虚な姿勢を失わず、誰とでも気さくに付き合えるのはバンの良さです。そういうバンだからこそ、ガンバ大阪を含めて7チームを渡り歩きながら、

2019年に古巣のガンバ大阪と異例の「1日限定契約」を結び、本拠地のパナソニックスタジアム吹田で引退セレモニーをしてもらえたのです。

「（プロとなった）最初のクラブ、ガンバ大阪で引退発表できて本当に幸せです」

多くのサポーターやファンから労いと感謝の言葉をかけられたバンは、そう言って涙を流しました。

多くのプロ選手がユニホームを脱ぐ場面を見てきましたが、バンのような現役生活の終わり方ができる選手はほとんどいません。素晴らしい花道の飾り方でした。これも、バンのハングリー精神・反骨心・反発力＝忍耐力のたまものでしょう。

無名の高校生だったバンは、どこかであきらめたり、ハングリー精神を失ったりして努力することをやめていたら、まったく別の人生を歩むことになっていたはずです。ハングリー精神・反骨心・反発力＝忍耐力は、どこかに「自分はできるんだ」という信念をもっていないと長続きしません。

自分を信じる気持ちです。「念ずれば花開く」といいます。ある意味、失うもののなかったバンには恐れることなく前に突き進む気持ち、そして「努力は必ず実を結ぶ」という揺るぎない信念があったのでしょう。

バンと同じように、無名の高校生からガンバ大阪入りした選手に、2002年に韓国・釜山で開かれたアジア競技大会で得点王となった「浪速のゴン」ことサトシ（中山悟志）がいます。当時、ジュビロ磐田で大活躍し「ゴン」の愛称で親しまれていたFW、中山雅史さんと同じ苗字だったことからつけられたニックネームです。

サトシは宮崎・鵬翔高校2年生のときの練習で、私の目にとまりました。技術的にはやや粗削りでしたが、大型で左利き。気になる存在でした。当時はDFでしたが、スピードもあったので、監督の松崎博美先生に「前（FW）もおもしろいかもしれませんね」といったことを話したのを覚えています。

当時、養成講座の同期の西村昭宏さんが日本サッカー協会で若い選手を担当していたので報告し、そこからとんとん拍子に年代別の日本代表に駆け上がりました。まさかアジア大会の得点王になるとは思いませんでした。

サトシはアテネ五輪代表入りを逃し、その後は名古屋グランパスエイトやロアッソ熊本などでプレー。引退したあとはガンバ大阪に戻ってスカウトを務めています。

卓越した「透視能力」で将来像を思い描いた本田圭佑

2023年3月、故郷の愛媛県に戻ってFC今治のホーム試合を観戦しました。試合後、以前からお世話になっている愛媛県サッカー協会の方と食事をしていると、FC今治代表取締役会長の岡田武史さんがスポンサー回りの合間を縫って顔をのぞかせてくれました。とても忙しいのに、ありがたいことです。

岡田さんといえば、1998年フランス大会と2010年南アフリカ大会のW杯2大会で日本代表を指揮した名将です。

今は町おこしや次世代の教育といった分野にも乗り出し、2024年にはFC今治高等学校里山校（愛媛県今治市）を開校して学園長にも就任します。とてつもないスケール感で、さまざまな事業に取り組む岡田さんのバイタリティーに引き込まれるような魅力を感じます。

そんな岡田さんが関西で開かれたある講演会で、南アフリカ大会で日本代表を決勝トーナメントに導く活躍を披露したケイスケ（本田圭佑）をこう評していました。

「ケイスケはとてつもなく考え方が大きい。こんな選手はほかに見たことがない」

岡田さんのいう「考え方が大きい」とはどういうことでしょうか。

私の推量では、視野の広さ、奥深さだと思います。チームメートやチームそのもののことまで考えられる選手は、たしかにいます。ケイスケの考えはさらに広く、日本のサッカー全体、あるいはサッカー以外にまで考えが及んでいたのでしょう。

別の言い方をすれば、目先のことに捉われるのではなく、しっかりと将来を見据えている。あるいは枝葉に惑わされず、何が幹かがわかる力、物事の本質を理解する力をもっているということです。

この将来や本質を見抜く「透視能力」があるから、ケイスケは逆境に耐えられるのです。そもそも、ハングリー精神・反骨心・反発力＝忍耐力は、自身の「こうなりたい」という願望と密接な関係があります。

子どものころに「世界一のサッカー選手になる」という夢、壮大な目標を掲げたケイスケは卓越した「透視能力」で自身の将来像（ビッグピクチャー）や、そこにたどりつく道筋を思い描き、どんなに苦しくても、つらい目に遭っても、へこたれることなく努力を続けてきたのです。

ガンバ大阪のジュニアユース時代、ケイスケはほとんど試合に出場できませんでした。プレー自体は素晴らしいものをもっていたのですが、身体の成長が早くはなかったのです。それに天才のアキ（家長昭博）らがいた当時のガンバ大阪ジュニアユースは、「関西選抜」と言ってもいいほどの陣容で、ものすごくレベルが高かったのです。紙一重の差ではありますが、ケイスケはレギュラーに及びませんでした。

ケイスケのサッカー人生を振り返ったときに、これほど試合に絡めなかった時期はほかにないのではないかと思います。中学生のケイスケはそれでも、ガンバ大阪ジュニアユースを離れようとはしませんでした。

前述した小学生時代の恩師、田中章博先生の推薦で入団した経緯もあります。加えて、レベルの高いガンバ大阪ジュニアユースで学ぶことが、たとえ試合には出られなくても、夢を現実にする最良の道であると思っていたからです。

そして、ユースへの昇格が叶わないとなると、今度は自身がもっとも成長できる場所を探し、前述したように石川・星稜高校に進学したのです。

ケイスケは2023年3月、近畿大学の卒業式に招かれてスピーチを行いました。

ニュースにもなったので、覚えている人もいるでしょう。そこでケイスケは環境にこだわりをもつ大切さを主張していました。

何度もふれているように、私は「正しい考え方、マインド×環境(運)×努力」が、人の成長に欠かせない方程式だと思っています。なかでも「正しい考え方、マインド」が重要で、身につけるために「人間力」を磨く必要性を説いてきました。

「とてつもなく大きな考え方」をもち、人一倍「努力」するケイスケの場合は、その方程式に当てはめると、残る「環境(運)」が成長を促す決定的なファクターでした。環境にこだわることで、自身の正しい考え方、マインドと努力が実を結んだのです。

ただ、本書の主題としては、やはりケイスケの「とてつもなく大きな考え方」に注目したいと思います。

それは、前述したように、将来や本質を見抜く「透視能力」です。そして、その「透視能力」がハングリー精神・反骨心・反発力=忍耐力を養ったのです。

将来や本質を見抜く「透視能力」をもとうと思えば、まずは自分を客観視することです。自分をひいき目に見るのではなく、フラットに見る。そうすると、何が足りないのかがわかります。そこから、どう足りないものを補って将来の夢を実現させるかの道筋を描くのです。

そういう作業、習慣が身につけば、逆境を苦しいとか、つらいとかと思わなくなるでしょう。究極のハングリー精神・反骨心・反発力＝忍耐力とは、逆境を「成長の機会」と心の底から楽しめるようになることだと思います。

褒められ、叱咤され、「人」に恵まれた堂安律

世界的ビッグクラブのACミラン（イタリア）で背番号10をつけたケイスケ（本田圭佑）ですが、海外の振り出しはオランダのVVVフェンロでした。そこからCSKAモスクワ（ロシア）→ACミランとステップアップしたのです。

19歳でガンバ大阪を飛び出したリツ（堂安律）も、最初に選んだのはオランダのFCフローニンゲンでした。VVVフェンロはオランダの1部と2部を行き来するチーム、FCフローニンゲンは1部の中位のチームです。タカシ（宇佐美貴史）が挑戦し

たバイエルン・ミュンヘン（ドイツ）などとは違い、ケイスケやリツは試合に出場しやすいレベルのチームを選んだのです。

これは、どちらが正解で、どちらが不正解という話ではありません。いきなりビッグクラブに挑戦する夢を追ったタカシはタカシで素晴らしいメンタリティーですし、現実路線を歩んだケイスケやリツは、どうやって世界の頂点へとはい上がっていくかの道筋を描いていたということです。そう考えると、リツもケイスケと同じような「透視能力」をもっていると言えるかもしれません。

リツは小学生時代に参加した関西トレセンで、ある人物と出会います。元ジュビロ磐田監督の内山篤さんです。リツが2017年にU－20W杯に出場した際に年代別の日本代表を率いた指揮官でもあります。リツが「自分のことをわかっている」と信頼を寄せる恩師の1人です。

内山さんはリツをおだてて使うのが上手でした。また、闊達な性格のリツも褒め言葉に乗りやすいタイプ。そんな内山さんは「リツは間違いない」と話していました。「間違いない」とは、何かあっても、たとえ高い壁にぶつかったとしても、それを乗り越えるたくましさがあるということです。間違いなく成長していくという確信をもっていました。2022年のW杯カタール大会での活躍ぶりなどを見ると、内山さんの目は正しかったと言えます。

逆に、ガンバ大阪ジュニアユース時代にリツを教えた鴨川幸司監督は、「リツ、お前は（アカデミーの先輩の）タカシとは違うんだぞ」とよく叱咤していました。これは、単にリツの技量が「ガンバ大阪の至宝」と呼ばれたタカシよりも劣っているとけなしたり、それなのに態度が増長していることをがめたりする言葉ではありません。より一層の成長を促すために愛情をもって、リツの負けん気の強さに訴えかけていたのです。

リツは一方で褒められ、もう一方で「なにくそ！」という気持ちを呼び覚まされて育ちました。リツのハングリー精神・反骨心・反発力＝忍耐力は両者のバランスの上に成り立っているのです。褒められるだけでは、現状に満足してしまいかねません。叱咤されるだけでは、心が折れてしまうこともあります。

もちろん、2人の指導者とも、リツがそうならないようにする経験もノウハウもある立派な名伯楽です。内山さんに厳しさがなかったわけではないですし、鴨川監督に優しさがなかったわけでもありません。

ただ、2人の異なるタイプの指導のなかで、リツはハングリー精神・反骨心・反発力＝忍耐力を身につけ、自分の成長曲線を思い描けるようになったのではないでしょうか。つまりケイスケと同じような「透視能力」が備わったのです。

向上心を失いかけていたガンバ大阪U－23時代には、私がスカウトした初めての選手であるサネ（實好礼忠）の親身な指導を受けました。U－23監督のサネはリツの良いときのプレーをまとめた映像をつくり、マンツーマンで教えたのです。それがリツに自分自身の良さを取り戻させるヒントになりました。リツは「人」に恵まれました。

圧倒的な結果で他人が下した評価を覆した鎌田大地

ダイチ（鎌田大地）はサッカー人生のなかで、何度も挫折を味わっている選手です。ガンバ大阪のジュニアユースに入る前には、JFAアカデミー福島の選考試験に落ちています。父親の幹雄さんによると、本人はかなりの手応えをもっていたようです。

それだけに不合格となったショックは大きく、幹雄さんが仕事を終えて自宅に帰ってみると、ダイチは自分の部屋にこもって泣いていたそうです。

そのときに幹雄さんは、

「評価は自分が下すものじゃない。他人がするもの。評価を気にせずに、できることをしなさい」

と声をかけたそうです。この父親の教えが、ダイチにはずっと息づいているように思います。前述したように、ガンバ大阪ジュニアユース時代はクラムジーに悩まされ、三度の骨折にも見舞われました。試合にもあまり絡めませんでした。途中交代を命じられて、

「自分の身体はいつになったら動くんや」

と涙を流したこともあったそうです。ユースに昇格せずに進学した京都・東山高校では、ダイチが試合終盤の決定機でゴールを決めることができずに、全国高校サッカー選手権大会への出場を逃したことがあります。

引退する上級生に怒られるのかと思ったら、ロッカー室で、

「お前がこれからのチームを引っ張っていけ」

そう励まされ、号泣しました。このエピソードも、幹雄さんから聞きました。

卒業後にサガン鳥栖に入ったものの、海を渡ったアイントラハト・フランクフルト（ドイツ）では出場機会に恵まれず、リーグ戦にわずか3試合出場しただけでシント＝トロイデンVV（ベルギー）へと期限付き移籍となりました。練習時の紅白戦にも満足に参加させてもらえなかったといいます。こうした何度も悔しい思いをしながら、ダイチは歯を食いしばって成長していったのです。

「評価は他人が下すもの」と割り切り、どんな環境に置かれてもひるむことなく、負けることなく、根気強く、自分にフォーカスして努力を重ねたのです。

ダイチが子どものころに幹雄さんから教わった「評価は他人が下すもの」との考えには、続きがあります。「他人が下す評価を覆すには、圧倒的な結果を残すしかない」というものです。

東山高校時代、全国の舞台と無縁だったダイチは、高校2年生のときに高円宮杯JFAU－18サッカープリンスリーグ関西で得点王になり、チームを最高峰のプレミアリーグWESTに導きます。こうした活躍で、Jリーグの複数クラブから注目されるようになりました。

そのなかには、ガンバ大阪も含まれていました。ダイチはもっとも熱心な誘いがあったというサガン鳥栖を選び、ガンバ大阪で働いていた私からすれば残念でしたが、得点王などの目に見える結果で、古巣を見返したのです。

シント＝トロイデンＶＶ時代も本職とは異なる前線のポジションで使われながら、公式戦36試合で13得点を記録。1シーズンでアイントラハト・フランクフルトへの復帰を果たしました。幹雄さんによると、

「ここで結果を残せなかったら、サッカーをやめないといけない」

そう強い決意を語っていたそうです。

逆境に屈せず、誰もが認めざるをえないほどの結果で道を切り開く。これが、ダイチのハングリー精神・反骨心・反発力＝忍耐力です。細かな評価に一喜一憂していたら、前には進めません。

仮に低い評価を下されたとしても、圧倒的な結果で覆す。この強いメンタリティー、雑草魂のようなものが、ダイチを支えています。

ケイスケ（本田圭佑）もダイチもジュニアユース時代の3年間しかガンバ大阪との関わりはありませんでした。

しかしながら、私はこの3年間が彼らのプレーの礎を築いたと思っています。彼らのプレースタイルはガンバ大阪ジュニアユース独特の練習によって身についたものではないかと思うからです。

ガンバ大阪のジュニアユースでは、ボールをもつところと離すところにこだわっていました。相手に奪われないボールのもち方、シンプルにはたくボールの離し方、身体のどこにボールを置いて運ぶのか。これらの部分はケイスケにもダイチにも共通しているところがあります。

2人のそうしたプレーを映像で見たときに、ガンバ大阪ジュニアユースの血が脈々と流れているのを感じ、うれしくなります。もちろん、リツ（堂安律）をはじめとしたアカデミー育ちの選手にも、そうした特性が濃厚に残っているように思います。

さて、この章で紹介したハングリー精神・反骨心・反発力＝忍耐力は、置かれているポジション（＝環境）と心構えによって煮えたぎったり、すっかり消え失せてしまったりしかねない「能力要素」です。現状に満足したり、あきらめてしまったりすると、この「能力要素」がなくなり、成長はストップします。

どんな環境でもハングリー精神・反骨心・反発力＝忍耐力をもつためには、常に高みを見据える向上心が大切です。ハングリー精神・反骨心・反発力＝忍耐力と第3章のチャレンジ精神＝推進力はセットで考えたほうがいいでしょう。

第3章の冒頭で、ブラジルにはギラギラしている選手がたくさんいるという話をしました。チャンスをものにする、人生を変える、家族を幸せにするといった気持ちがとても強く、そういう選手のほうがブラジルを離れても活躍するという話です。

章の最後には「母国を飛び立って海外でプレーするにはハングリー精神や反発力が不可欠で、それらを正しい方向に向けるにはチャレンジ精神＝推進力が欠かせません。それは、ブラジル人だろうと、日本人だろうと変わらないと思います」と記しました。

日本にとどまったバン（播戸竜二）以外の、ケイスケ、リツ、ダイチの3人とも、「ハングリー精神×チャレンジ精神」で逆境をバネにステップアップの道を歩んでいるのです。

この法則どおりに海外に出ていきました。もっとも、海外でプレーする機会がなかったバンですが、引退後もハングリー精神をもち続けているように思います。

将来はJリーグのチェアマンや日本サッカー協会の会長になるといった目標を語っていた時期もあります。是非、実現してほしいと思っています。

バンが描く将来像（ビッグピクチャー）のなかでは、選手引退は第2の人生の始まりにすぎないのでしょう。

今は「人生100年時代」と言われる長寿社会です。プロサッカー選手としてプレーする期間は、長い人生のなかのわずかな時間です。そう考えると、プロサッカー選手を終えてから、どう過ごすのか、どんな人生を送っていくのかも非常に大切となってきます。

私が関わってきた選手たちには、ユニホームを脱いだあとも豊かで幸せな人生を歩んでほしいと思っています。ハングリー精神旺盛なバンはワクワクするような第2の人生を突き進んでいます。

以上を踏まえて、第10章では、反省を生かした実行力・修正力＝持続力（1つの物事を突き詰めて長期間、中断せずに続けることができる力）に焦点を当てます。

二宮博×播戸竜二
感謝を忘れずにいつまでも気持ちは練習生

播戸　高校卒業後はブラジルに行ってプロになろうと思っていました。ただ、チャンスがあるならば全力でつかみたい。つかみ取れなかったら、そのときに考えたらええやんって感じやったんです。覚えているのは、二宮さんと上司の上野山（信行）さん、高校の樽本（直記）先生と僕の4人で、今はないけど、万博記念公園近くのステーキハウスに行ったこと。そこでガンバ大阪としては、練習生でしか受け入れられないと伝えられた。「ただし2試合に出たらプロ契約する」と言ってもらい、「少しのお金しか出せへんし、大事なことやから両親とちゃんと話をして決めてほしい」って話をされたんです。でも、その場で「いや大丈夫です。行きたいです」みたいに言ったと記憶しています。自分の人生ですし、両親は僕のことを尊重してくれ、僕の決断にノーとは言わないと思っていたので。「それはわかるけど、一応両親に相談して。それよりも肉いっぱい食べて」みたいなことを言われた（笑）。でも、そんなに食が太くないんで、あんまり食べられないんですけど、「こいつ食べられへんやつか」って思われたらあかんって思い、無理して食べた思い出があります。

二宮　当時は経営的にも厳しかった。同学年のユースにイナ（稲本潤一）とイバ（新井場徹）という年代別代表選手がいて、さらにハッシー（橋本英郎）がいた。1学年で3人も4人もトップに上げるのは編成上難しい時期だったんです。ハッシーは進学もあり、どうなるかわからない。イナとイバは上がる。私はどちらかといえば外から取ってくるのが仕事でしたから、ユースの2人とバンでと考え、あとでハッシーを加えられればと思っていました。

播戸　僕自身も練習生とか、あまり考えなかった。チャンスをもらえたことがうれしかった。チャンスを生かすかどうかは自分次第。ガンバにしたら、僕は無理して取る必要もない選手。そういう意味でも二宮さんが見つけてくれ、フロントに話をしてくれ、感謝の一言に尽きます。

二宮　こちらこそ、バンの活躍があって今があると感謝しています。選手は引退したけど、選手のときと同じく今後の活躍を願っています。

播戸　ありがとうございます。選手としてやってきたことに誇りをもっていますし、素晴らしい経験をさせてもらえた。でも、今の社会でのサッカーの立ち位置を考えると、まだすべての人が知っている競技ではない。もっと成長していかないと。もっと大きな存在になれる可能性があると思います。

二宮　さすがですね。バンはラジオ番組などをやり、世の中への発信力がすごい。明るく、元気に、人生を豊かに。サッカーを通じてそういうことを発信しています。それは日本のサッカーの発展にも結びつくと思います。

播戸　ありがたいですね。最後はＦＣ琉球でしたが、練習生で入って日本代表にもなれて、いろんなチームに行けて優勝もできた。最後はＪ３で給料も下がるなか、プロって何なんやと考えました。そうやってきたこれまでの学びのなかで、サッカーには力があるし、地域を盛り上げたり、子どもたちに夢を与えたりできると感じました。でも、それだけだとクラブは大きくならない。大きくするには何が必要か、もっと考えないといけません。そして、クラブの経営を僕に任せてみようという状況になったとき、しっかりやれるように勉強しておきたい。練習生の感覚をずっともって、やりたい。始まりがそうなんで、いつまでも気持ちは練習生です。

第10章

持続力

＝

1つの物事を
突き詰めて
長期間、中断せずに
続けられる力

素直さ、謙虚さと進取の気風も備えた嵜本晋輔

本書のテーマである「人間力」。この章で取り上げる反省を生かした実行力・修正力＝持続力も「人間力」の基盤です。

逆にいえば、そういった各章の能力要素の基盤となっている「人間力」とはいったい何なのかを突き詰めて考察することが、私が出会ってきた素晴らしい選手、指導者たちの成功の鍵を解き明かす近道のようにも思います。

受容力、推進力、自己啓発力、主張力、傾聴力、支援力、自責の思考力、忍耐力の基盤となる「人間力」とは、簡単にいってしまえば「人間としてあるべき姿」を指しています。

これ以上深入りすると哲学書のようになってしまうのでここでは避けますが、1人の自立した人間としてもっていて当たり前の感覚のことです。

持続力に関していえば「三日坊主」「飽き性」では、何事も成しえないということ

です。「継続は力なり」は真実です。続けることで、見えてくるものがあります。

誰しも「歯磨き」は毎日欠かさないでしょう。同じように、私は「心磨き」も大切だと考えます。

「心磨き」とは、1日の自身の行動を振り返り、「自問自答」することです。

第1章で、「正しいマインド、考え方×環境（運）×努力」により、少々の才能の差は十分に逆転できると記しました。

そのうえで、「正しいマインド、考え方」がとくに重要と指摘したのですが、この正しい考え方、マインドをつくるのは、「頭」と「心」です。「頭」とは自分を客観視する思考方法のこと、「心」は正しさを追求するために自問自答する姿勢を指します。「頭」で現状を分析し、「心」で善悪、良し悪しを判断するのです。

自問自答を習慣化することで、「心」の判断力が高まる気がします。これが、私の考える「心磨き」の効能です。

その日の自分自身の行いを振り返って自問自答すると、反省するべき点がいろいろと出てきます。当然でしょう。すべて思いどおりになる人生なんて、昔の王様や殿様でもない限り、有りえないからです。

反省するべき点がいくつか思い浮かんだとして、大切なのは、それらの反省点をどう次に生かすかです。

二度と同じ過ちは繰り返さない。そのためには、この部分をこう修正して、新たにこれを実行するという考え方、マインドです。そうしたトライ＆エラー、試行錯誤を経て人間は成長していくものだと思います。

ときには、頭を抱えたくなる重大なエラーが起こってしまうかもしれません。しかし、そこで新たなトライをしなくなったらおしまいです。トライ＆エラーで大切なのは、続けることです。続けることによって改善し、理想に近づくのです。

そう考えると、反省を生かした実行力・修正力＝持続力は、サッカー選手に限らず、すべての人にとって大切な「能力要素」と言えます。

バリュエンスホールディングスの嵜本晋輔社長は、反省を生かした実行力、修正力に優れた経営者です。２０２２年10月、「ＭＩＲＡＩ ＳＯＵＫＡＩ」と題した社員総会で「他人軸」から「自分軸」への変化を取り上げ、こんなプレゼンテーションを行いました。

「有名な大学に入れば仕事に困らない。知名度のある会社に就職した方がいい。そろそろ結婚した方がいい。家庭を持ったら家を買わなければいけない。などなど……。これらはすべて、子ども時代から両親をはじめとする周りの大人、学校や社会にすり込まれてきた『誰かの価値観』でしかありません。……（中略）……自分軸と他人軸の違いで考えると、人生一択で生きている、人生が一本道だと信じている人がいかに多いか気が付きます。それまで大切に培ってきたバイアスを取り払えば、それまで崖だと思っていたところも案外歩ける道だったり、寄り道や脇道もむしろ自分を豊かにしてくれるプロセスだったりするものです」（嵜本社長がインターネット上に投稿した「変化する世の中を俯瞰し、自分たちを見つめ直す。1000人が参加した社員総会で語ったこと」より抜粋）。

私は嵜本社長の一言一句に感動しました。自分がスカウトした元サッカー選手が上場企業の社長となり、ワクワクするような会社の未来を語ってくれている。嵜本社長の存在感、カリスマ性、リーダーシップに衝撃を受けたのです。

では、どのようにして嵜本社長は時代に即した一流の経営者になったのでしょうか。

私は嵜本社長の素直さ、謙虚さに理由があると思います。自身の過去を謙虚に振り返って素直にミスや過ちを認め、それを修正、改善してきたのです。

ＭＩＲＡＩ ＳＯＵＫＡＩのプレゼンテーションのなかでも、嵜本社長は「私自身、経済的な豊かさに翻弄されていた一人である自覚がはっきりあります」「社会の大きな変化を目の当たりにして、意識的に自分の価値観を見直してみると、これまでの価値観が誰かの都合、誰かの思い込みでつくられているのかもしれないと思い始めた」（同抜粋）と語っています。つまり、自分を客観視して、社会の変化に対応できていないと感じたのです。

ただ、素直さ、謙虚さだけではミスや過ちを受け入れられても、修正、改善には結びつきません。もう1つの大切な要因は、嵜本社長はチャレンジャーで進取の気風をもっていることです。

この臆することなく新たなことに取り組む気持ちは、サッカーを通じて養われたものです。おそらく一般よりも競争の激しい社会であるプロサッカー界では、常に新しいことにチャレンジし、技術を向上させていかないと、他のライバルから置いていかれたり、レギュラー争いに敗れたりすることになるからです。

一方、嵜本社長の素直さや謙虚さはやはり、家族の影響が大きいでしょう。前述しましたが、23歳で経営の世界に飛び込んだ嵜本社長はゼロからの再起でした。そこで素直に、謙虚にビジネスの先達である父親や兄弟から学んだのです。素直で謙虚な寄本社長は本当に真摯な姿勢でいろいろな人たちの話を聞きます。蛇口から空のコップに水を注ぎ入れる場面を想像してみてください。当然、コップの口は上向きですよね。下向きだといくら蛇口をひねっても、水はコップの中には入らず、外側を流れ落ちていくだけです。上向きにして蛇口に近づけるから、水がコップの中に注がれるのです。

人の話を聞くことも一緒です。真摯な姿勢で聞くとは、コップを上向きにして蛇口に近づけ、一滴もこぼさないようにすることです。そして、そういう姿勢は、素直さや謙虚さから生まれるものです。こうした素直さ、謙虚さと進取の気風が相まって、寄本社長は反省を生かした実行力・修正力＝持続力を備えた素晴らしい経営者、つまり時代に応じた会社経営ができるビジネス界のリーダーになったのです。

もうおわかりかと思いますが、これまで章ごとに紹介してきた「能力要素」は、単体で存在するのではなく、互いに影響し合っています。

寄本社長でいえば、「反省を生かした実行力・修正力＝持続力」（第10章）は「聞く力＝傾聴力」（第6章）から生まれ、それは「愛・感謝・忠誠心＝支援力」（第7章）に裏打ちされているのです。

他者に寄り添う力でスケールアップする**播戸竜二**

現役引退後、多方面で活躍するバン（播戸竜二）は、ラジオのパーソナリティーも務めています。私も二度、ゲスト出演させてもらいました。

コンセプトは「人生100年時代に突入。長い人生、前向きに元気が出る言葉を出し合いながら前に進もう！　笑顔を絶やさず、熱い想いを胸に!!」です。常に溌剌と振る舞って世の中を明るく元気にしようとするのは、バンらしいと思います。

私自身もバンの番組を聞きながら、毎回、エネルギーとパワーをもらっています。どこで覚えたのだろうというくらい話題が豊富で、人を引きつける魅力があります。

しかし、バンには悪いのですが、ゲスト出演したときにこっそりとラジオ局の担当者に尋ねると、最初はそこまでしゃべり方も上手ではなかったそうです。ただ、「そこから上達するスピードはものすごく早かった」とも評していました。

何事にも手を抜かず、自分なりに工夫して上手になっていくのは、現役時代のシュート練習と一緒です。兵庫・琴丘高校時代も、ガンバ大阪に入ってからも、バンは陰でものすごく努力するのです。

もしかしたら、ヴィッセル神戸時代に一緒にプレーし、尊敬する日本サッカー界のレジェンド、三浦知良選手の影響があるかもしれません。

50代半ばを過ぎても現役を続ける三浦選手は入念に身体をケアし、誰よりも早く練習場に現れ、誰よりも遅くまで残って練習に取り組むことで知られています。バンのトレードマークの1つは、真冬でも半袖姿でプレーすることですが、そのスタイルも三浦選手譲りです。

ともあれ、そういう陰の努力を惜しまない姿勢が、バンの反省を生かした実行力・修正力＝持続力です。

この反省を生かした実行力・修正力＝持続力で、バンの特徴を挙げるとすれば、それは相手の立場になって考えることができる点です。「苦労人」と言うと本人は嫌がるかもしれませんが、練習生という下積み時代があり、そこから必死になってはい上がってきたからこそ、他人の悩みや苦しみ、願いが「自分事」としてわかるのです。

新型コロナウイルスが猛威を振るい、全国的に外出自粛や練習施設の使用停止が続いていた２０２０年4月のことです。Ｊリーグ特任理事になりたてのバンは理事会で、「アスリートは一般的に身体も心も強いと思われがちですが、全員がそうではありません。精神的に弱い部分があることもわかってほしい」

そう選手のメンタルケアの重要性を訴えました。

バンは日本プロサッカー選手会の高橋秀人会長（当時）から、「何を目標にしたらいいのかわからない」「屋外で練習できず、不安で夜も眠れない」といった新型コロナによる悩みを抱える選手が大勢いることを聞いていたのです。そうしたバンの投げかけもあって、クラブ単位で定期的にＰＣＲ検査を実施するなどＪリーグの選手に寄り添った新型コロナ対策が進められるようになったのです。

こうした社会問題への関心の高さと並外れた発信力は、彼の圧倒的な熱量、バイタリティーによるものだと思います。現役時代から、サッカー界に限らず、幅広い人脈を築くことにも執着していました。

現役を引退し、彼の「人脈の輪」はますます広がっているでしょう。仲の良い同年代のカジ（加地亮）らとともに、Ｚ世代向けのコンテンツを発信することを目的とした、20分ハーフの新たなサッカーリーグ「ＲｅｅｌＺ ＬＥＡＧＵＥ」に参戦したりもしています。

ラジオのパーソナリティーの話に戻ると、バンの言葉の選び方、表現方法は、常にリスナーの立場に立っています。他者に寄り添い、社会にアンテナを張り巡らせ、言うべきことはしっかりと世間に発信する。ぶれずにそういうスタンスを取り続ければ、バンはもっともっとスケールの大きな人間になる気がします。Jリーグのチェアマンや日本サッカー協会の会長も夢ではないでしょう。その前に、どこかのJリーグクラブの社長になるかもしれません。

私を一人前のスカウトにしてくれた恩人のバンには、世のため、人のため、次世代のためという気持ちを忘れず、反省を生かした実行力・修正力＝持続力をますます発揮してほしいと思っています。

正しい努力を続けて運をつかんだ「大器晩成」の林大地

第9章のハングリー精神・反骨心・反発力＝忍耐力でも説明しましたが、「人間力」を高めるためには、簡単にあきらめたらダメです。それは、反省を生かした実行力・修正力＝持続力にも同じことが言えます。

ガンバ大阪の練習生からスタートしたバン（播戸竜二）もあきらめずに努力を続けたことで花を開かせた選手ですが、もう1人、取り上げたい「大器晩成」の選手がいます。

それは、ＦＣニュルンベルク（ドイツ2部）に移籍した2人目のダイチ（林大地）です。

「大器晩成」といっても、26歳。まだまだ伸びていく可能性がある点取り屋です。

大阪府箕面市出身のダイチはガンバ大阪のジュニアユースから大阪・履正社高校、大阪体育大学、サガン鳥栖を経て海を渡りました。ジュニアユースでは、ヴィッセル神戸のリョウ（初瀬亮）らと同学年で、史上初となるU－15年代全国3冠を達成したガンバ大阪アカデミーの「黄金世代」。リッツ（堂安律）よりも1歳年上です。

しかし、まだ成長途上だったダイチはプレーが粗削りで、安定したパフォーマンスを発揮することができずにユース昇格を逃しました。

特徴という特徴がはっきりとはしていませんでした。「黄金世代」のなかでは、確固たるレギュラーの地位を築くこともできませんでした。

しかし、そこであきらめなかったのです。

そこから、ガンバ大阪ＯＢでもある履正社高校の平野直樹先生の指導を受け、大阪体育大学での活躍が認められてサガン鳥栖入りを果たしました。

年代別の代表にも一度も選ばれたことはありませんでしたが、けがで不参加となったリッツに代わって追加招集された２０２１年３月のU－24アルゼンチン戦でゴールを挙げて一躍脚光を浴びました。サガン鳥栖の1年目にリーグ戦31試合に出場し、９ゴールを奪った活躍が認められて招集された舞台で、真価を発揮したのです。

そして、バックアップメンバー入りした２０２１年夏の東京五輪では、コロナ禍にともなう規定変更で登録メンバーが18人から22人に増えたことにより、追加で登録メンバーに加わることに。さらに、ほかのＦＷ陣の体調不良もあって、初戦から先発出場。短期間でスターダムを駆け上がるシンデレラストーリーの主役となったのです。

ダイチはガンバ大阪のジュニアユース時代から、何事にも手を抜かない選手でした。できることを1つずつ増やし、コツコツと積み重ねていけるタイプです。努力の才能がありました。「正しいマインド、考え方×環境（運）×努力」に則ると、「正しいマインド、考え方」で「努力」を続けてきたダイチだからこそ、突然訪れた飛躍の「環境（運）」を最大限に生かすことができたのです。

私はガンバ大阪アカデミーに所属する選手の保護者と会ったときに、その家の教育方針を聞くようにしています。

中学校の教師をしていたので、家庭での子どものころからの教育がどれだけ大切か身にしみてわかっているからです。

林家の教育方針は「悔いなくやりきれ」でした。ダイチは与えられたチャンスで悔いなくやりきり、東京五輪代表となったのです。2021年8月にシント＝トロイデンＶＶに移籍し、2022年3月にはフル代表入りも果たしました。

ダイチの反省を生かした実行力・修正力＝持続力は、何よりも腐らないことです。

あきらめず、腐らず、一瞬のチャンスにかける。そうすることで、アカデミーの誰も予想できなかったような著しい成長を遂げました。

私が大学などでの講義、講演の際に使う資料の最後のページには、第1章のはじめに記したW杯カタール大会のドイツ戦でゴールを挙げたリッツともう1人のダイチ（鎌田大地）が喜び合うシーンの写真とともに、「本番は1回、努力は一生、チャンスは一瞬」との言葉を記しています。

プロ野球、北海道日本ハムファイターズのビッグボス、新庄剛志監督の言葉「努力は一生、本番は1回、チャンスは一瞬」の順番を入れ替えて使っています。努力が真ん中にあって、本番、チャンスが巡ってくると思ったので、アレンジしました。

ダイチはその言葉を体現してチャンスをつかみました。

努力を続け、たった一度の本番、一瞬のチャンスで力を発揮。持ち味である闘志むき出しのプレーも好感がもてます。W杯カタール大会のメンバーには入れませんでしたが、サッカーの本場のヨーロッパでこれからもっとステップアップしてくれるのではないかと期待しています。

1996年に福岡・東福岡高校からガンバ大阪入りしたコジ（小島宏美）も忘れ難

い選手です。スカウトとしていちばん足を運んだ選手で、3年目にレギュラーに定着すると、そこから3年連続でチーム得点王となり、日本代表にも選出されました。「浪速のアンリ」と呼ばれたショーキ（平井将生）も思い出深い選手です。

徳島県出身のショーキはミチ（安田理大）らと同学年でガンバ大阪のユースからトップチーム入りしました。２０１０年にチーム得点王となっています。私は、27年間で本当に多くの選手と関わってきました。

反省を生かした実行力・修正力＝持続力を高めるには、計画性も重要だと思っています。しかしながら、サッカーは創造性や即興性が重要視されるスポーツです。

誰も思いつかないスペクタクルなプレー、意表を突くダイナミックな攻撃から生み出されるゴールは見ていて楽しく、美しいものです。

美しさを生み出すのは「ひらめき」や「感覚＝センス」です。これはなかなか教えられるものではありません。それだけに、ひらめきや感覚＝センスは個々の選手が大切にしなければならないものだと思います。

一方で、成長の観点からいえば、思いつきや行き当たりばったり、無計画では伸び方に限界があるでしょう。成長を確固たるものにし、正しい努力を続けるために、しっかりとした青写真を描く必要があります。

これは選手にも指導者にもいえることです。幕末の思想家で、松下村塾で高杉晋作や伊藤博文ら多くの門下生を育てた吉田松陰にこんな言葉があります。

「夢なき者に理想なし。理想なき者に計画なし。計画なき者に実行なし。実行なき者に成功なし。故に、夢なき者に成功なし」

夢→理想→計画→実行→成功。このプロセスは、マネジメントを成功させるうえで今や当たり前のようになっている「PDCAサイクル」と似ている気がします。P（PLAN＝計画）→D（DO＝実行）→C（CHECK＝評価）→A（ACT＝改善）のことです。

両者に共通しているのは「計画から実行に移す」という点です。それが好循環につながるステップです。

計画を立てるには、吉田松陰の言葉で言えば「理想」が必要です。ただ、「夢」と「理想」は違います。「理想」は「夢」を明確にして、こうありたいという具体像です。第4章で紹介した「目標」とほぼ同じ意味です。「夢」を現実に即して転換したものが「目標」。「夢」の設計図が「理想」とも言えるでしょう。

その設計図を基に計画を立てるのです。①誰が（WHO）、②いつまでに（WHEN）、③どこで（WHERE）、④何を（WHAT）、⑤どうする（HOW）という具体案とともに、⑥なぜするのか（WHY）という動機も明確にしておく必要があります。

この「5W1H」のフレームワークを「理想」に当てはめることで、計画が具体性を帯びます。計画が計画倒れに終わらず、実行に移せるのです。

独りよがりでは、いい計画は立てられません。当然ながら、冷静に現状を分析する判断力、何度も述べてきた自己を客観視する力が必要になります。チーム（組織）を変える計画なら、仲間と協調し、助け合うことも不可欠でしょう。

最後となる第11章では、文武両道の精神＝協調力（他人や集団と力を合わせて物をなすことができる力）について説明します。

二宮博×嵜本晋輔
客観視した現実を受け入れて気持ちを切り替える

嵜本　二宮さんの目にとまらなければプロになっていません。本当に縁だと思います。僕よりもうまい選手はたくさんいましたが、僕を選んでもらった。だから、ガンバ大阪では結果で恩返しをしたかったんです。1年目は新人のなかでいちばん先にベンチ入りし、試合にも出ました。しかし、2年目に西野朗監督になって出場機会が減り、戦力外になりました。恩返しできなかったのは、悔いがあります。

二宮　高校時代の嵜本社長は大阪選抜に入りました。ほとんどがJクラブの選手で、高体連からは至難の業。大阪の高校にいい選手がいるのなら、スカウトしたいという時代でした。ガンバ大阪と名乗っている以上、地元のタレントに来てほしかったんです。

嵜本　誰もが知るガンバに入れるのは、信じられなかった。でも、できそうかなって。しかし、入ったら、みんなめちゃくちゃうまかった。

二宮　当時の私は高卒から3年間で戦力外というのは疑問に思っていました。大学でも4年をかけます。1年目は慣れる。本領発揮は2～4年目。だから、クラブに提案したこともありました。嵜本社長があと1年続けていたら……。

嵜本　戦力外通告を受けた瞬間は悲劇の主人公ではないですが、「なぜ自分だけが」「ほかにクビになってもいい選手がいるんじゃないか」というプライドもありました。自分はまだ夢を捨てきれない、ここから上がっていきたいという思いでした。だから、トライアウトを受けてほかのクラブから声がかかるのを待ったんです。結果的にJFLのチームに入りましたが、自分の思いとパフォーマンスにギャップが生まれました。JFLでさえも通用するか怪しく、また、それを受け入れたくなかった。でも、ふと我に返り客観視すると、明らかに通用していない。Jにはい上がれる確率も低いと悟りました。そこで肩の荷が下りたというか、力が抜けた感じでした。自問自答した結果、才能や能力が水準に達していなければ、プロとしてのキャリアを終え、次のステージ、違うフィールドで結果を出そうと決めたんです。誰に相談しても続けるべきだと言われましたが、僕からしたらサンクコスト（埋没費用）ではないですが、自分を商品として捉え、どう売るかを考えたときに、サッカーの世界では売れないと思いました。

二宮　嵜本社長はさまざまな能力が素晴らしいのですが、なかでも自分を客観視するところが秀でているように思います。

嵜本　ガンバから戦力外通告された理由もわかるようになりました。小中高とチームの中心選手だったので、考え方は自責でした。うまくいかなかったり、勝てなかったりしたことに対しては、自分がどうしたら勝てたのか、どう改善したらミスしなかったのかと自責思考で考えていました。でも、ガンバ時代はすべて他責思考。自分を改めるよりも相手が改善すればいいのにと、僕は逃げていたんです。逃げるのは楽ですが、同時に成長や改善の機会を失うことになります。それ以降は自責で生きると決め、そこからは人生が好転していきました。

二宮　ガンバ時代は決していい思い出ではないと思います。

嵜本　現役が少しでも伸びていて、あのタイミングでビジネスを始めていなかったら、今はないと思います。だから、「戦力外にしてくれて良かった」と思っています。当時はネガティブでしたが、振り返ると「次の世界へ行け」とのメッセージだったと、今は捉えています。

第11章

協調力

＝

他人や集団と
力を合わせて
物事をなすことが
できる力

人としての成長を考え、パイオニアとなった宮本恒靖

一流選手が身につけなければならないスキルはいろいろありますが、ピラミッドの形に落とし込んでみると、大人になってからでも伸ばしたり、磨いたりすることができるサッカーの技術や能力は、あとから積み上げられるので頂点に近い部分です。

中央部分には、サッカー選手に限らず、さまざまな業種や職種を超えて通用する能力「ポータブルスキル」でもある、①自分を客観的に見るインテリジェンス「頭脳」、②チーム、組織のために献身するフォアザチームの気持ち「精神」、③何事にも動じない強いメンタリティー「心」――の3つがあります。これらは育成年代、アカデミーで身につけてほしいものです。

そして、その下の土台部分には❶姿勢と心構え、❷知的基礎能力があります。

この土台部分の❶姿勢と心構え、❷知的基礎能力は、大人になってからではなかなか身につけにくいものです。家庭での教育が非常に重要な部分でもあります。

そのうち、❷知的基礎能力は机に向かう良い習慣から生まれます。

「そんなのサッカー選手に関係あるのか？」と思う人がいるかもしれません。自分自身、あるいは自分の子どもが一流のサッカー選手になったと想像してみてください。

海外で活躍するには、語学力は不可欠です。メディアのインタビューにきちんと答えられるかどうかで、印象もだいぶん変わってきます。今のご時世なら、パソコンも人並みに扱えたほうがいいでしょう。何より、世界で戦うには、監督やコーチ、チームメートの話を理解する能力や、自分の思っていることを正しく伝えるコミュニケーション能力も養っておく必要があります。

勉強嫌いでは一流のサッカー選手にはなれません。「技術」も「知識」も習得方法は一緒です。前向きに学ぶことが大切です。

また❶姿勢と心構えで言えば、ダイチ（鎌田大地）やリッツ（堂安律）のエピソードとしてふれた親孝行の必要があります。繰り返しになりますが、親は最高のサポーターです。最高のサポーターに感謝できない選手は大成できません。

さらには、サッカーに取り組む態度、指導者やチームメートといった周囲の人への接し方、素直さや謙虚さも❶姿勢と心構えの要素です。

この章で説明する文武両道の精神＝協調力は、まさにピラミッドの土台部分の❶姿勢と心構え、❷知的基礎能力のことです。これまでの章で紹介してきた推進力や自己啓発力、傾聴力などは、あえて言えば中央部分の「頭脳」「精神」「心」に位置しますので、それらとは一線を画していると思ってください。

文武両道の精神＝協調力で真っ先に思い浮かぶ選手が、ガンバ大阪アカデミー1期生のツネ（宮本恒靖）です。

彼は子どものころからプロサッカー選手になりたいと思っていたわけではなく、野球も好きでソフトボールもしていました。

ただし、教育熱心な両親の影響もあって、勉強には一生懸命に励んでいました。1986年W杯メキシコ大会でアルゼンチン代表を優勝に導いた英雄、ディエゴ・マラドーナのプレーに感化されてサッカーに打ち込むようになって以降も、サッカーをしているから学校の勉強が疎かになるのは嫌だったそうです。

小学校の卒業文集には「将来は医者になりたい」と記し、中学受験も経験。中学時代に大阪府の英語暗唱大会で優勝し、生徒会長も務めたのは有名なエピソードです。

ガンバ大阪のアカデミーで頭角を現し、年代別の日本代表でも活躍するようになりましたが、それでも「サッカー一本で」とは考えていませんでした。

トップチームに昇格後に同志社大学の経済学部に進学。「大学に行くのが普通の感覚」という家庭環境で育ったツネは、

「サッカーだけしか知らない人間にはなりたくなかった」

と言います。サッカーは単純化すると、ボールを止めて、蹴るスポーツです。「止める」「蹴る」さらには「運ぶ」。それらはサッカーのテクニックのなかでも基本的な要素ですが、プロのなかにも、その部分の突き詰め方が比較的甘い選手がいます。

しかし、ツネは「止める」「蹴る」にこだわりをもっていました。DFとしては大柄と言えない自身の体格などを考えると、どうボールを止めて、身体のどこにボールを置き、どう蹴り出すのかは非常に重要です。世界を相手に戦い続けたツネは、屈強な海外のFWの攻撃を防ぐために、サッカーの基礎部分を大事にしていたのです。

第9章で、考え方が大きいケイスケ（本田圭佑）の将来や本質を見抜く「透視能力」を紹介しましたが、「常識人」のツネは知性とバランス感覚でその能力を養っていました。「背伸びの天才」のケイスケは豊かな想像力を膨らませて将来の姿を見通し、ツネは「できること」「ふだんしていること」から論理的に将来設計を立てました。

向学心の強いツネが大事にしていたのは「人の話を聞く素直さ」と「その話を自分なりにかみ砕き、どう行動に移していくか」です。端的に表れたのが、2011年末に現役を引退して国際サッカー連盟（FIFA）が運営する国際的な大学院「FIFAマスター」に進むことを決断したときです。

もともと引退したら勉強したいと思っていたツネは、国内の大学に問い合わせたりもしていたそうですが、なかなか自身のサッカーのキャリアと大学の学問を結びつけることができませんでした。

そこに知人を通してFIFAマスターの話が舞い込んできて、挑戦することにしたのです。今でこそ、社会人の「学び直し」や「リスキリング」が注目されるようになっていますが、当時は現役を引退したら指導者になるのが当たり前だった時代。ツネの先見の明、前人未踏の道を切り開くパイオニア精神には頭が下がります。

ツネは中学時代の英語暗唱大会優勝のエピソードからも明らかなように、子どものころから語学が得意でした。それが、FIFAマスターに進学する助けになりました。

現役時代の2004年、中国で開かれたアジアカップに日本代表のキャプテンとして臨んだツネは準々決勝のヨルダン戦で、PK戦の位置変更を主審に通訳なしで申し入れました。キックを蹴る場所が荒れていたからです。

異例の行動でしたが、ツネの理路整然とした申し入れを、主審も受け入れざるをえませんでした。その結果、日本代表はＰＫ戦を制し、大会連覇も果たしました。「芸は身を助く」と言いますが、ツネの語学力は日本代表を救ったのです。

「自分はプロサッカー選手である前に1人の人間。1人の人間として成長したい」がツネの考えです。語学も磨き、さまざまなことに興味をもって取り組みました。29歳でレッドブル・ザルツブルク（オーストリア）への移籍も経験しました。もちろん、自身を育ててくれたサッカー界に恩返ししたい気持ちももっています。ＦＩＦＡマスターに進学する際には、こんな思いを語っていました。

「将来的には日本におけるサッカーの地位が高まるように貢献していきたい」

ガンバ大阪のトップチームで監督を務めた時期も、現実を冷静に分析し、手持ちの戦力に即した戦い方をしていた印象があります。

現在のツネは日本サッカー協会専務理事の要職に就き、その思いを実行に移しているように見えます。ツネは培ってきた文武両道の精神＝協調力により、日本サッカー界を背負って立つようなスケールの大きな人間へとなっていったのです。

学び に遊び心を取り入れた橋本英郎の柔軟性

ガンバ大阪アカデミー育ちのもう1人の頭脳派、ハッシー（橋本英郎）は前述したとおり、自身が黒子になることをいとわないタイプです。

生徒会長タイプのツネ（宮本恒靖）の特徴は「キャプテンシー」「リーダーシップ」にありますが、あえて比較する言葉を探すと、ハッシーは「フレンドシップ」「仲間意識」でしょうか。チームメートを大切にし、仲間のことを考えて行動できる選手だからです。もちろん、ツネができないといっているわけではありません。

ツネと同様に、子どものころから机に向かう時間がほかの選手より圧倒的に長かったハッシーは、冷静に物事を考える習慣が身についています。

2022年シーズン限りで現役を引退し、今は解説者として活動しています。事象を落とし込み、頭の中で整理して、しっかりとしゃべることができるからでしょう。ハッシーの解説者としての需要は関西を中心にうなぎのぼりとなっています。

持続力でひらめきや思いつきについてふれましたが、ハッシーのプレーにはそういった不確定要素を上手に取り込む「遊び心」もありました。

相手の意表を突くプレーができるのです。これも、彼の文武両道の精神＝協調力が柔軟性、調和性に富んでいることを表しています。

私が覚えているアカデミー時代のハッシーは、練習の前後にチームメートから借りた漫画本を一心不乱に読みふける意外な姿です。

しかし、今思えば、そういう誰とでも付き合える懐の広さ、しなやかさがハッシーの特徴でしょう。大阪屈指の進学校として知られる天王寺高校に通う勤勉な優等生でしたが、その賢さを前面に出さず、やんちゃなチームメートに合わせられるのです。

一方で、前述したように、負けず嫌いで、しっかりとした芯ももっています。

アカデミーでは、監督やコーチの評価が極めて高い選手でした。だからこそ、同学年で飛び抜けた存在だったイナ（稲本潤一）やイバ（新井場徹）に次ぐ3番手で、月給10万円の練習生という扱いながら、トップチーム入りを果たせたのです。

当時のアカデミーのコーチに聞くと、ハッシーはうなずき方が良かったのだそうです。ミーティングなどで練習の意図などを説明したときに、きちんと納得していることを周囲にわからせる。そういう意図のあるうなずき方をしていたといいます。監督、コーチから信頼され、使ってみたいと思われる選手だったのです。

トップチーム昇格後も大阪市立大学に通いながらプレーしたハッシーはオンとオフの切り替えが上手でした。オンでは物事に集中し、オフでは頭も身体も心も休める。状況に応じて、固執する気持ちと、譲歩する気持ちを使い分けられる。それも賢さの1つでしょう。

2011年の春季キャンプ中に前十字靭帯を損傷する重傷も負いましたが、うまく心を整理して復帰を果たしました。柔軟性、調和性に富んだハッシーの文武両道の精神=協調力は、どんな環境でも生きていけるサバイバル能力にもつながっていると思います。

どこででも、自身のポジションをつかめるからです。前述したとおり、どんな世界でも「ポリバレント」なのです。

そう考えると、引退後のハッシーが輝ける舞台は関西を中心とした解説者の枠には収まりません。今後、ますます活躍の場を広げていくと期待しています。

練習日誌を書き続け、現役を続けられた横谷繁

2023年1月、ガンバ大阪アカデミー出身のある選手が現役を引退しました。ミチ（安田理大）と同学年のヨコ（横谷繁）です。

兵庫県西宮市出身のヨコはU－15からU－20まで各年代別の日本代表に招集され続けてきたテクニシャンで、ミチらとともにトップチームに昇格しました。

しかし、層の厚かった当時のガンバ大阪では、出場機会に恵まれず、愛媛FCや京都サンガに期限付き移籍するなど、5チームを渡り歩きました。

引退後はガンバ大阪のスクールコーチに就任し、指導者の道を歩き始めました。そんなこともあって、慰労会と激励会を開催したのですが、そのときにヨコが口にした言葉に「そのとおり」と膝を打ちたい思いになりました。ヨコは、こう言いました。

「僕が長く現役を続けてこられたのは、常に練習日誌を書いて、ずっと継続してきたからです」

その練習日誌には日々、監督やコーチにどんな言葉をかけられ、何を教えてもらったのかまで、細かく記していたそうです。

本書をここまで読んできたみなさんはもう十分に理解していると思いますが、サッカーの成長はピッチの上だけでは決まりません。ヨコがしていたような良い習慣が、客観的に自分を見ることにつながり、矢印を自分に向けることにつながるのです。

ヨコの文武両道の精神＝協調力は勉強ができる、できないではありません。自分を振り返って、よりよくしたいと常に前向きな思いでいること、そして、ピッチ外でも努力する。つまり、日々の気づきを文章にして残しておくという地道な活動を続けることが、長いスパンで見たときに生きてくるのです。これは自分を客観視するアプローチでもあります。1日を振り返り、明日に生かす。この習慣はサッカー選手に限らず、誰にとっても有益です。

もしかしたら、スクールコーチとなったヨコにとっては将来、この練習日誌は宝物となるかもしれません。

指導に迷ったとき、壁にぶつかったときに読み返すと、自身が現役時代に思っていたことがわかり、指導のアイデアを得られるかもしれません。良い習慣で続けてきたことは、財産になるのです。子どもたちと一緒に楽しみ、子どもたちの心に火をつけることができる素晴らしい指導者になってほしいと思っています。

少し付け足しますが、2023年5月に中学校のサッカー部の先生相手に講演をしました。「私が指導者だったら」という仮定の下で話したのは、「試合と試合形式の練習が最良のトレーニング」ということです。

とにかくボールに触る回数を増やす。ガンバ大阪ジュニアユースの育成メソッドは技術の習得に重点を置いていました。技術習得には、とにかくボールに触ることです。成長過程なので、身体はあとから大きくなります。ケイスケ（本田圭佑）もそうでした。ダイチ（鎌田大地）は3年間で25センチも身長が伸びました。

フィジカルは身体が大きくなってからでも磨けます。中学年代ではそれよりも、技術習得に傾注することが大切になります。

引退後に政治家を志して市議会議員となった都築龍太

27年間務めたガンバ大阪を定年前に退職した私は、ある人物に電話を入れ、埼玉県まで会いに行きました。さいたま市議会議員を務めている都築龍太議員です。高校サッカーの名門、長崎・国見高校からガンバ大阪に入団した彼は、日本代表入りするほどの大型ＧＫでした。

２００３年に浦和レッズに移籍してからのほうが、一般には認知されているかもしれません。「ガンバ大阪の都築」というよりも「浦和レッズの都築」のほうが、通りがいいように思います。実際、本人も浦和レッズに愛着をもっていますし、浦和レッズサポーターからも愛されていると感じているようです。

奈良県出身で、親元を離れて長崎県にサッカー留学していた彼は、私が国見高校から獲得した2人目の選手でした。

高校時代は確固たるレギュラーではありませんでした。体格の良さ、ハイボールの処理、パントキックの精度の高さが魅力的で、高校2年生のときから注目していたのですが、なかなか接触できませんでした。

それでも、監督だった小嶺忠敏先生の選手を生まれた地域に戻そうという方針もあって、ガンバ大阪に入ってくれました。

久しぶりに会った都築議員の見事な「変身ぶり」に驚きました。話す内容も立派でした。現在2期目ですが、初出馬の際には落選しています。

そういう苦労も政治家活動の糧にしているのでしょう。三度目の選挙ではトップ当選を果たしました。私がスカウトした選手が引退後、別の世界で活躍していることをとてもうれしく思います。

以前にも記しましたが、今は「人生100年時代」です。プロサッカー選手も引退後の人生のほうが間違いなく長いのです。

現役引退をもって人生が終わるわけではありません。その後も人生は続きます。そこで何をなすか。

指導者や解説者として一途に打ち込んできたサッカーに関わり続けるのもいいでしょうし、寄本晋輔社長のように、サッカー選手の経歴とは異なるビジネスの道を歩むのもいいでしょう。そして、都築議員のように政治の世界に足を踏み入れるのも、1つの進路です。

私の考える「文武両道の精神」とは、単純にスポーツと勉強の両方ができることではありません。

文武両道の精神＝協調力としている理由は、「物事をなす」という目的を達成するには、個人や個別の力だけに頼らない幅広い考え、総合力が必要だということを知ってもらう狙いがあるからです。

つまり、文武両道の精神とは「何かに偏らない総合力を磨こう」ということなのです。

本章のツネ（宮本恒靖）やハッシー（橋本英郎）のところで記したように、❶姿勢と心構え、❷知的基礎能力は、成功をつかむために重要です。

ただ、成功は当然ながら、選手を引退しても追い求めなければなりません。

都築議員の例も、ヨコ（横谷繁）と一緒で、勉強ができる、できないの話ではありません。人生の成功者となるためには、いくつになっても、人脈をつくったり、半生をかけて打ち込んできたサッカー以外にも関心のあることを見つけて掘り下げたりする向学心が大切だと思います。

❶姿勢と心構え、❷知的基礎能力は、大人になってからではなかなか身につけにくいと記しました。だからこそ、子どものころからの家庭教育が大切なのです。

一方で、矛盾するように思われるかもしれませんが、いくつになっても勉強はできます。61歳の私も日々、勉強しています。新たな気づきに胸躍らせる毎日です。

文武両道の精神＝協調力は、子どものころに身につけるべき「能力要素」であると同時に、いくつになってももっておきたい「能力要素」でもあるのです。

「人間力」をテーマにしたこの本の最後の章が文武両道の精神＝協調力というのにも意味があります。

この本を読むことで、行動を変えてほしいと思っているからです。

第7章で紹介したとおり、「行動が変われば習慣が変わる。習慣が変われば人格が変わる。人格が変われば運命が変わる」からです。

最後まで読んでいただいたみなさんに行動を変え、運命を変えてほしいと思っているのです。

そして、行動を変えるきっかけとなるのが、強調してきたように「考え方、マインド」を正しいものに変えることです。

文武両道の精神＝協調力は「考え方、マインド」を正しく導く羅針盤や灯台です。人生を航路にたとえると、正しい行き先をきちんと示してくれるありがたいものです。

私がしている「心磨き」でもいいですし、ヨコが続けてきた練習日誌でもいいでしょう。

そういった良い習慣から「考え方、マインド」を正しいものに変え、行動を変えてみてください。きっと運命も変わっていくはずです。

みなさんの将来に明るい運命が訪れることを願っています。

二宮博×橋本英郎
オンとオフの切り替えが文武両道の秘訣

橋本　僕は当初、プロになれると思っていなかったんです。大学に行くつもりで準備していたら、夏休みにユースの監督から「トップ昇格できるかも」と話を聞き、上がれるなら上がってみたいって思うようになった。当初は推薦での進学を狙っていたんですけど、トップ昇格になると、サッカー推薦はなくなるわけで、親とも相談して、一般入試を受けるかたちにしました。大学は家庭的には最優先で、プロになれても入試が不合格なら浪人しようとさえ思っていたんですよ。プロになれずに進学したら、どこかに就職していたでしょうね。教員にもなりたかったので、どこかの学校のサッカー部顧問になる可能性もあったかもしれませんね。なので、学生時代に教職の単位を目指したんですけど、実習に行けず、あきらめました。

二宮　ハッシーは努力して、日本代表にまで上り詰めた。徐々に頭角を現したタイプ。成績優秀で、大学とプロの「二足のわらじ」を履くリスクについてクラブ内で何度も議論したんですよ。それでも、文武両道で十分にできると思わせたのは、選手としての能力に加え、誰からも目をかけられて気にかけてもらえるパーソナリティーがあったから。もちろん、あまり表には出さないけど、確固たる自信もあったんでしょう。

橋本　そうですね。ユースのときは学業とのかけもちで、サッカーの時間は仲間よりも断然少なかったと思うんです。受験もあって練習に行かないときもありましたから。それがもうサッカーだけなら、「いけるんちゃう」って思いましたね。ほかの人はサッカー1本でやってきたけど僕はそうじゃない。サッカー1本でやれば、それだけ時間ができれば、やれることは増えるよなって。勝負できるって思ったんです。変な自信ですよね。

二宮　指導する側からしたら、ハッシーは気になる存在だったのは間違いなかった。大きく羽ばたける可能性を感じたんですよ。

橋本　かなり、出会いに恵まれていますよね。いろんな人に助けられてきました。体は大きくなかったし、けがも多かった。本当にいろんな方々に支えてもらいました。それに指導者との出会いも良かった。西野（朗）さんのおかげで日本代表になれたし、タイトルも取れた。（イビチャ・）オシムさんや岡田（武史）さんとは代表で出会えた。そのおかげで、ＦＣ今治でオーナーと選手という関係で、プレーさせてもらえました。東京ヴェルディでも、ガンバ大阪のときにヘッドコーチだった竹本（一彦）さんがゼネラルマネジャーでした。そういった人のつながりで、僕は生きてこられました。だから、僕には1人の恩師という表現は当てはまらないんですよ。

二宮　人としての大きさを感じますね。関わった指導者だけでなく、同学年のライバルでもリスペクトしていた。心の大きさや広さ、そういうものを感じます。だから素晴らしい成長を遂げ、素晴らしい選手になり、引退後の今も活躍している。

橋本　将来は指導者になりたいという思いがあります。今はその過程として、いろいろな経験をしている状況ですね。最終的にはいいかたちで指導者としてチャレンジしたい。引退してすぐ専門的に指導者の道を歩むより、いろんな経験が結果的に指導者になったときに生きればいいって思うんです。少し遠回りかもしれませんが、そうやって指導者になるヤツがいたらおもしろくないですか。

二宮　すごいと思いますよ。それで思い出したのですが、ハッシーは、オンとオフの切り替えがすごくしっかりしていたと記憶しています。ガンバ大阪のアカデミーも比較的にそれがはっきりしていて、高体連よりも自由度はありながら、プロ意識や考え方を植えつけていた。やらされるのではなく選手自ら考えることで、オンとオフの切り替えもできるようになります。自ら主体的に考えていく力は大切だと、思い出しましたね。

橋本　たしかに、ユース時代のときからオンとオフを意識するようにしていました。サッカーだけではなく、漫画やゲームも好きでした。そうやって遊ぶような時間をしっかり取りながら、サッカーに集中していました。とくに、アカデミーに入るような選手はオンとオフがある生活スタイルが必要な気がします。僕の場合は、勉強ももう1つの軸として置き、それがオフになっていましたね。練習場も遠かったですからね。当時は1時間から1時間半かけて通っていました。電車に乗るから、この間に寝ようとか、この間に参考書を読もうとか、何かそういう時間の使い方で、振り分けて動いていた時代でしたね。何かしらオフを置きながら生活するほうがパフォーマンスも向上しやすいものだと考えています。プロになってから、よく言われるのが、いかに疲労を回復させるか、いかに身体を休めるかです。だから、四六時中、真面目に頑張ればいいというのは違うと思います。たまに、息抜きしすぎる人もいますけど、基本的には、どこかでしっかり息抜きできるほうがいい。そこの強弱がつけられる人間じゃないと、最終的にプロではうまくいかないっていうのは、すごく感じたことですね。

おわりに

　私が27年間勤務したガンバ大阪ゆかりの素晴らしい選手たちのエピソードを、受容力、推進力、自己啓発力などの「能力要素」に分けて紹介しました。もっとも言いたかったのは、これらの能力要素の基盤が「人間力」であり、人間力がないと人は成長できないということです。

「伸びる選手」「成功を呼ぶ選手」の共通点は人間力です。付け加えるとすれば、素晴らしい恩師に出会い、立派な考え方をもった保護者に支えられることで、人間力を備えた彼らの伸長速度は劇的に変化します。

　ですので、この本はもっと上手になりたいと思っている子どもたちにも読んでもらいたいですし、そういう子どもに育てようとしている保護者や、指導者にも目を通してもらえればと思っています。また、サッカーに関心のない学生やビジネスマンにも何らかの気づきを与えられるのではないかと自負しています。

　ガンバ大阪を退職した私は、嵜本晋輔社長が経営するバリュエンスホールディング

おわりに

本書を出そうと思ったきかっけは、２０２２年６月に講演した追手門学院大学で、ある仕事に携われていることを、とても嬉しく思います。

中のサッカーファンから注目されるでしょう。60歳を過ぎても、こんなにやりがいの社長は是非とも、Ｊリーグに引き上げたいと思っています。そうなれば、きっと世界バリュエンスホールディングスが経営参加している南葛ＳＣに関していえば、嵜本接してきたりした選手がプレーしています。彼らの活躍を見るのも楽しみの１つです。こに行っても知り合いや、スカウティングに関わったり、アカデミーの責任者として私はいまでもJリーグの試合を観戦するようにしています。ありがたいことに、ど人間力をもつ人が「夢×努力＝幸せ」の方程式を用いると、幸せをつかめるのです。す。本書でいう人間力とは、「夢×努力＝幸せ」を成立させる前提条件です。十分なとの素晴らしさ、努力することの大切さを知ることで、幸せになれる」というものでさまざまですが、常に「夢×努力＝幸せ」を訴えています。要約すると「夢をもつこ私は同社の社外広報活動として、２０２２年に22の大学で講演しました。テーマは中学校の教師をしていますから、第３の人生といったほうがより的確かもしれません。スで、第２の人生を歩んでいます。ガンバ大阪に就職する前に故郷の愛媛県で10年間、松山博明先生に勧められたのがきっかけです。そこからいろいろな方々との出会いがあり、執筆の話が前に進んでいきました。愛媛県から大阪に出てきてスカウトマンとなった私が、その30年後に著者として本を出すとは思ってもいませんでした。

本当に人生は不思議で予測不可能です。ともあれ、私の想いを、さまざまな議論をしながら1つの作品にまとめていただいた、産経新聞の北川信行さん、編集者の川原宏樹さん、そして、徳間書店の苅部達矢さんに、この場を借りて御礼申し上げます。

そして、本書に登場したすべての素晴らしい選手たち、指導者や保護者のみなさんに厚く感謝いたします。松代直樹、吉田宗弘、船越優蔵、古河裕次、大塚翔平……。紹介したい選手、指導者はほかにもたくさんいます。愛媛県中学選抜のときに関わった元日本代表の福西崇史さんや、湘南ベルマーレの山口智監督とも忘れ難い思い出があります。紙幅の関係で、ここに名前を記すことしかできません。どうかお許しください。多くの選手、指導者、保護者の方々との貴重なご縁があって、この本は成り立っています。長年にわたって私を雇っていただいたガンバ大阪とガンバ大阪アカデミーのみなさんにも大変お世話になりました。Jリーグを牽引する立派なクラブとなることを祈っています。そして、現在の上司である寄本社長の、海のように広い心に支えられて、私は活動ができています。このご恩を忘れたことは1日もありません。

多くの方々のご指導のおかげで、私は2023年4月に神戸国際大学の客員教授となりました。これからも、さらに勉強したいと思っています。大きな刺激を受けたサッカー王国、ブラジルを再訪し、スポーツビジネスも深く学んでいきたいです。

「やらないで後悔するよりも、やって後悔したほうがいい」

これが私のポリシーですから、近々行動を起こす予定です。ご期待ください。

本書に登場した人物たちとは、いまも交流が続いています。バン（播戸竜二）とのやり取りはいつも楽しいですし、ハッシー（橋本英郎）との会話には常に新たな学びがあります。ダイチ（鎌田大地）やリツ（堂安律）のご両親とは、ことあるごとに情報交換させてもらっています。2人がヨーロッパの最高峰でプレーする姿を見てみたいと思っています。そして、あらためて公言します。私は昔も今も、ケイスケ（本田圭佑）の大ファンです。最後まで読んでくださり、ありがとうございました。

2023年7月

二宮　博

二宮博（にのみや・ひろし）
1962年、愛媛県生まれ。中京大学卒業後、生まれ故郷で公立中学の保健体育教諭として10年間勤務。1994年からＪリーグ、ガンバ大阪のスカウトとして多くの選手の発掘、獲得に携わった。その後は育成組織であるアカデミー本部長などを歴任。組織の充実などに努め、「育成のガンバ大阪」の礎を築いた。2021年、定年を前にガンバ大阪を退社し、自らがスカウトした元Ｊリーガー、嵜本晋輔氏が代表を務め、ブランド品の買取や販売事業を手掛けるバリュエンスホールディングス株式会社に入社。社長室シニアスペシャリストとしてスポーツ関連事業に携わるほか、大学や企業で講演活動などを行っている。神戸国際大学客員教授。

構　成　　北川信行
装　丁　　坂井栄一（坂井図案室）
校　正　　月岡廣吉郎　安部千鶴子（美笑企画）
組　版　　キャップス
編集協力　川原宏樹
編　集　　苅部達矢

一流の共通点
スカウトマンの私が見てきた成功を呼ぶ人の10の人間力

第１刷　2023年７月31日
第３刷　2024年６月20日

著　者　　二宮博
発行者　　小宮英行
発行所　　株式会社徳間書店
〒141-8202　東京都品川区上大崎3-1-1
目黒セントラルスクエア
電　話　編集（03）5403-4344／販売（049）293-5521
振　替　00140-0-44392
本文印刷　本郷印刷株式会社
カバー印刷　真生印刷株式会社
製本　東京美術紙工協業組合

乱丁・落丁はお取り替えいたします。

ISBN978-4-19-865646-1